"看历史"之视觉二战影像志丛书

U0796587

猎杀希特勒

■镜头里的希特勒总部争夺战

[英] 伊恩·巴克斯特/著　法磊/译

当代中国出版社
Contemporary China Publishing House

图书在版编目（CIP）数据

猎杀希特勒/（英）巴克斯特著；法磊译. —北京：当代中国出版社，2013.11 （2015.9 重印）
ISBN 978-7-5154-0373-1

Ⅰ. ①猎… Ⅱ. ①巴… ②法… Ⅲ. ①第二次世界大战—历史事件—史料 Ⅳ. ①E195.2

中国版本图书馆 CIP 数据核字（2013）第 275806 号

IMAGES OF WAR HITLER'S MILITARY HEADQUARTERS 1939-1945
By IAN BAXTER

Published by arrangement with PEN & SWORD BOOKS LIMITED
through CA-LINK International LLC (www.ca-link.com)

版权合同登记号 图字：01-2012-9335

出 版 人 曹宏举
责任编辑 杨佳凝 黄 珊
责任校对 康 莹
装帧设计 舞夺金华
出版发行 当代中国出版社
地 址 北京市地安门西大街旌勇里 8 号
网 址 http://www.ddzg.net 邮箱：ddzgcbs@sina.com
邮政编码 100009
编 辑 部 （010）66572264 66572154 66572132
市 场 部 （010）66572281 或 66572155/56/57/58/59 转
印 刷 北京宝昌彩色印刷有限公司
开 本 787 毫米×1092 毫米 1/16
印 张 12.5 印张 插图 234 幅 222 千字
版 次 2014 年 3 月第 1 版
印 次 2015 年 9 月第 2 次印刷
定 价 34.00 元

序　言

作为“看历史”视觉二战影像志丛书之一，《猎杀希特勒——镜头里的希特勒总部争夺战》一书，以及主题内容之外的延伸性话题，可以用以下五个关键词做出梳理。

居于第一位的关键词是“希特勒”。作为影响人类20世纪历史风云的著名人物，希特勒这个名字将会作为负面的警示性标志，永远载入人类史册。阿道夫·希特勒生于1889年4月20日，卒于1945年4月30日。虽然他被世人认为是魔君，但是，客观地说，他确实称得上是一位著名的军事家、演说家，他的口才极其富有鼓动性。作为出生于奥地利的政治风云人物，以及德国纳粹党的党首，尤其是人类第二次世界大战的发起者、疯狂的种族灭绝政策的核心人物，阿道夫·希特勒是个极富争议性的人物。希特勒的少年梦想是成为艺术家，早年曾经在维也纳求学作画，只是在被美术学院院长拒绝后，才走上短暂的军旅生涯。一战期间他服役于巴伐利亚步兵团，获得过“一级铁十字勋章”。

由于德国在一战中战败，使希特勒决心投身政治，依据掌控权力来实行民族复仇主义实现其政治抱负。由于天时、地利、人和，他有幸于1919年加入德国国家社会主义工人党，并且在短短的两年内（即1921年）成为党首，可谓政坛的神童。然而，时运不济，1923年因啤酒馆政变被捕。不过坐牢并没有削弱希特勒的政治野心，反而在狱中写出了《我的奋斗》。出狱后的他，以德意志帝国主义、日耳曼民族主义、雅利安种族主义、反犹主义、反共主义等宣传手段和宗旨，迅速得到个人生存受威胁与民族尊严受辱的广大民众的支持。1933年，希特勒被任命为德国总理，并且从1934年至1945年担任德国元首兼国家武装力量最高统帅。从此，希特勒集党政军于一体，缔造了纳粹德国（第三帝国）。公元1939年，希特勒指挥德军入侵波兰，第二次世界大战爆发，人类步入长达近七年的二战岁月。然而逆历史潮流而动者，终会覆灭，1945年4月30日，当苏联红军攻克柏林时，希特勒自杀。一代枭雄陨落！

居于第二位的关键词是“纳粹”。“Nazi”是德文“Nationalsozialist”的简写，纳粹主义是德文“Nationalsozialismus”的音译，意译为“民族社会主义”。纳粹主义是二战前，由纳粹党元首希特勒提出的政治主张，并且依据此种政治思想，构建了德意志第三帝国。纳粹主义的基本要义包括：（1）宣扬种族优秀论。希特勒认为雅利安人是最高等的人种，犹太人和吉普赛人是最低等的人种，主张由“高等人种”来统治低等人种，并且为了维护雅利安人的“血统纯正”，要消灭犹太人、吉普赛人、残疾人和精神病人。（2）强调一切领域的“领袖”原则。宣称“领袖”是国家整体意志的代表，国家权力应由其一人掌握。（3）鼓吹社会达尔文主义。主张以战争为手段来夺取生存空间，建立世界霸权。（4）政治上歧视女性。主张妇女应该远离政治，将女人的活动范围限制在教子、厨房、教堂之中。

居于第三位的关键词是“党卫军”。党卫军简称SS，是纳粹党的法西斯特务组织和军事组织。这支特殊的武装力量成立于1925年4月，最初的职能是作为希特勒的卫队和对付政敌的工具。1929年1月后，党卫军实力迅速扩大，名义上受内政部长希姆莱领导，实际由希特勒直接指挥。从内部结构上来看，党卫军划分为武装党卫队（即武装近卫军）、正规师（在战场上担当“消防队”，以挽救前线紧张局势）、志愿师（在战场上担当防御战职能）、武装师（主要执行对游击队的清扫和占领区的控制等工作）、骷髅师（是战斗力最强的党卫军部队之一）。为了加强对党卫军力量的洗脑控制，党卫军制定了绝对效忠于希特勒的誓词，即“奉上帝之名我用庄严神圣的誓词宣誓，我无条件地服从德国陆军最高指挥官阿道夫·希特勒的命令，作为勇敢的士兵时刻准备用我的生命为了誓言而全力以赴”。

居于第四位的关键词是“照片”。全书通过200多幅私密照片全景展示了二战时期的希特勒生活史和他的统帅部，记录了希特勒的兴衰全程，引领读者走进历史第一现场，看西方人是怎么看待这位战争狂人的。这些老照片让我们重温历史、敬畏历史、珍视和平，避免历史再次走进歧途！

居于第五位的关键词是“语录”。作为遗臭万年的战争魔君，希特勒以其极富有煽动性的语言，使当时的德国全民疯狂，诸多德国民众成为希特勒战争游戏里的棋子或炮灰。如果我们可以时时考量、反思他的一些“疯人语录”，或许可以起到警钟长鸣的效果。希特勒下面的一些“名言”，值得我们牢记、反思：

“我的意志决定一切。”

“士兵不要思想，有领袖替他们思想。”

“伟大的说谎者同时也是伟大的魔术师。”

“对敌人来说没有什么地方比坟墓更好了。”

“只要有一个德国人活下来，战争就将继续。”

“在发动战争和进行战争时，是非问题是无关紧要的，要紧的是胜利。”

“如果日耳曼民族不强大到可以浴血保卫自己的话，它就应当灭亡。”

“战争其实是一个极自然的东西，也是日常生活中最必要的东西。战争就是生活。”

“我们的斗争只可能有两种结果：要么敌人踏着我们的尸体过去，要么我们踏着敌人的尸体过去。”

目　录

第一章
具有决定性意义的一年 …………………………………… 1
第二章
进攻西方国家的战争 …………………………………… 23
第三章
东线战争 …………………………………………………… 45
第四章
毁灭之路 …………………………………………………… 69
第五章
全线战败 …………………………………………………… 107
第六章
大结局的到来 ……………………………………………… 135
第七章
时间的见证 ………………………………………………… 155

第一章

具有决定性意义的一年

1939年夏天，所有关于袭击波兰的军事准备都已经传达给各武装部队。行动代号为“白色方案”。自1939年8月份开始，德国军事首脑就制定了袭击波兰的最终计划，目的是解放其西部的一些地区，而在这一区域里，德国曾经占据主导地位。8月22日，希特勒召集东线的主要作战指挥官来到他位于上萨尔茨堡的伯格霍夫别墅，详细拟定了军事作战计划。他热情洋溢地宣称，与波兰的这场战争完全不同于以往，不像1914—1918年的血腥堑壕战，而是一种新的作战理念——闪电战，即军队要快速、迅猛地袭击作战目标，迅速而果断地夺取胜利。

一场暴风雨般的战争正在酝酿，即将爆发。希特勒告诉他的信徒：“我们的军队要表现得铁石心肠，尽管西方国家也想挑起战争，但这同样是至关重要的。我们要迅速粉碎波兰，将一切敌人驱逐出境，必要的时候可以进行大屠杀。”怀着傲慢与不妥协的情绪，希特勒总结道：“我的工作已经完成了，现在轮到你们了，开赴战场，去履行你们的职责吧。”军队总指挥瓦尔特·冯·布劳希奇将军确定将率领纳粹国防军去完成这项任务。然后，希特勒站起来，解散了与会者，并对他们说：“先生们，请回到你们的驻地。”

几天后，原定8月26日袭击波兰的计划被暂时搁置。虽然计划延迟使得在田地、灌木丛和森林中蓄势待发的士兵精神上更加紧张，同时身体上也承受更大的压力，但是希特勒和他的指挥官们相信，一旦袭击开始，必然是速战速决，大获全胜。

6天后，1939年4月1日凌晨4点25分，希特勒最终颁布了入侵波兰计划的第一道指令。

在接下来的几天里，希特勒和他的指挥官们在德国总理府对这次袭击行动的进展情况进行了全面的监控。呈现在希特勒面前的是军队令人敬畏的作战速度。这次战役所呈现的一个特点，毋庸置疑就是速度，接下来的战斗根本持续不了几周。在德军巨大的军事压力下，波兰在北部、南部和东部的防线不断萎缩，逐渐崩溃。

9月3日上午，英国向德国发出了最后通牒，要求德军从波兰撤军。随后，希特勒命令他的军队副总指挥电话通知隆美尔将军，在当天晚些时候将他的警卫营调遣到总部。

1939年9月3日晚上，8点钟刚刚过，在夜幕的掩护下，希特勒的车队已经抵达柏林的安哈尔特火车站。希特勒的专列已经驶离腾佩尔霍夫火车站，等候在戒备森严的站台上，准备出发。

9点钟，车站信号灯解除警报，在站长的指挥下，长长的火车驶出站台，开赴波兰战场。在希特勒的专列上，有9个或以上的副官、2个私人医生、2个秘书、3个或以上的新闻官员、几个无线电话务员；还有一些宾客，包括首席摄影师霍夫曼、海因里希·希姆莱的联络官、外交部代表、3个男仆、1个司机及1个副驾驶、10名党卫军指挥部的成员、10名德国铁路餐饮服务人员（其中包括服务员、厨师、厨房女佣）、2个清洁工、5个铁路警察，以及3个帝国邮政稽查人员。2辆汽车为专列导航，同时也听候命令，随叫随到。一队由鲍尔上尉指挥的空军作战飞机，也跟随着专列，进行警戒。

这列火车由一个引擎拉动12节或者更多节的车厢（到1941年才出现前后各一个引擎的火车，以拉动车厢）。列车上有2节防空餐车、2节行李车、希特勒的普尔曼式卧铺车和1节新闻记者车（内设1个通信中心和1台700瓦的短波发报机）。另外这列火车还有希特勒以及宾客、随从吃饭、洗浴和住宿的地方。在希特勒的私人车厢里，有一个会客厅，内设1张椭圆形的桌子，周边环绕着8张椅子。其余4节车厢供他的副官和男随从使用，秘书、厨师、助手、通信兵住在列车的这几节车厢里。与这些车厢相连的是希特勒的通信中心，配备无线电话和几台电传打字机。这节车厢被分为两部分，除了通信中心外，还有一个会议室，里面有椅子、桌子、地图，希特勒在这里可以每天了解前线的战况。在火车的停靠站，餐车和卧铺车可以与邮政电话网络取得联系。在其他的车厢里都有警卫，他们来自于帝国保安服务部，或者元首护卫营和元首警卫营。剩余的车厢中，有2节是提供给秘书、厨师、助手、通信兵的，另外2节卧铺车是为随从和客人准备的。

1939年9月4日一早，列车驶进波美尼亚一段脏兮兮的铁路专用线，停靠在距离柏林北部150公里处。在隆美尔将军防卫营的指挥下，一个机械化的部队，包括装甲部队、步兵侦察部队，以及坦克连，迅速在列车周围布置警戒线戒严，封锁这一地区，士兵持枪值班。整个晚上，列车都停靠在这里，直到向最终的目的进发。黎明时分，列车再次启动，驶入葛洛斯邦车站，也就是最后一段行程。

在接下来的两个星期里，希特勒要在指挥部所在的车厢里度过，那里闷热而闭塞。在火车上和在帝国总理府一样，随处都是纳粹党。在列车上，有9个或更多的副官和助手，包括凯特尔将军和国防军最高指挥官约德尔将军（后来他们都有了专车）、希特勒的副官格哈德·恩格尔，以及希特勒的2个私人医生、2个秘书、2个或者更多的新闻发布官（包括德国首席新闻发布官奥托·迪特里希，不久他就要写一篇关于这次行程的简短报道）。车上有很多无线电话务员及宾客，如首席摄影师海因里希·霍夫曼、联络官海因里希·希姆莱、卡尔·沃尔夫、马丁·鲍曼的弟弟艾伯特、一位外交部的代表、3名男佣、司机及助手、10名元首护卫旅的人、10名帝国保安队的人、14名行政官员，以及铁路餐饮服务人员（包含服务生、厨师、厨房女佣和两个清洁工）、3个帝国邮政督查员。不久西奥多·艾克获得了希特勒专列上的骷髅兵团的总指挥权。在列车上，凯特尔将军将参谋长艾尔弗雷德·约德尔介绍给希特勒。这个高高的、秃顶的人很快便给希特勒留下了深刻的印象。约德尔后来一直担任希特勒的重要战略顾问，直到战争结束。

在列车总指挥部中，希特勒可以把注意力完全集中在袭击波兰的行动中。因为火车可以随时随地启动，所以希特勒能够轻而易举地访问他所感兴趣的前沿阵地。他每天都前往指挥部车厢，听取约德尔将军针对每天早上战争形势的军事汇报。在入侵波兰的4天里，也就是被称为“白色方案”的行动中，德军在所有战线上都取得了令人惊叹的胜利。

希特勒对与波兰之间的战争产生了极大的兴趣。火车每到一站，他总能在那里度过一天，而不去考虑那里有多危险。希特勒把列车作为基本的交通工具，而有时坐在6轮重型装甲车里，周围有装甲护卫。

1939年9月5日，火车向西北方向前行，到达位于新斯德丁西南部的葛洛斯邦骑兵训练区。9月8日，火车继续向南前行，到达位于西里西亚奥珀伦东北部的伊尔瑙。9月13日，到达位于奥珀伦南部的戈戈林。最后，在9月18日，向北行进，到达位于波美拉尼亚劳恩堡的Goddentow-Lanz。

纵观整个行程，希特勒的工作人员十分忙碌，收集了很多关于海陆空三军作战进展情况的战报。一旦收集到了这些报告，就会准时起草“国防军公报”，然后将其送至国防军最高统帅部作战部长约德尔将军那里，通过凯特尔将军交由希特勒，最终获得他的批准和签字。希特勒专列和帝国总理府不断保持联系，持续交换数据以及一些重要信息，确保指挥中心在军事上和政治上的信息始终处于不断更新中。

1939年9月19日，希特勒的专列指挥部进行波兰战争期间的第一次转移，由火车上搬到了位于索波特的海滨凯思诺酒店，它就在但泽的西面。在那里，希特勒占用了251、252和253房间。以这里为基地，由装甲或者飞机护卫，他每天仍是不断参观访问军事行动区域。9月25日下午，希特勒回到了火车上。第二天早上离开，在1939年9月26日下午5时5分回到柏林。在一小时内，希特勒回到帝国总理府，他的专列则停靠在滕珀尔霍夫维修厂。

1939年9月27日，希特勒终于收到消息，华沙已经被占领。第二天，整个总部卫队列队接受希特勒颁发的新旗帜。接下来，受波兰战役胜利的鼓舞，希特勒在总理府召集陆军以及各集团军的指挥官，向他们详细说明了向西方国家进攻的战略计划。他解释说，为了避免贻误战机，德军必须以最快的速度发动进攻。如果条件允许，一切顺利的话，将在1939年秋天发起进攻。其实，很多与会的军官在波兰战役期间就已经知道了希特勒要攻击西方的作战意图。同时，9月14日，在火车上的时候，希特勒已经与总工程师弗里茨·托特讨论了继续向西方国家进攻的计划可行性。他谈到，德军在西部需要一个合适的、稳定的总部基地，用来指导军事行动。约德尔派他的副官瓦利蒙特将军去做调研，为国防军最高统帅部在德国的中西部建立一个野战司令部作准备，用以指挥后期的作战。这个司令部的位置要位于远程火炮的射程之外，但是又要尽可能离西部战线近一些，同时也要能够为此处的国防军和空军提供住处。

随后的几周里，大家都在为这第一个野战司令部的选址而奔波。隆美尔将军和他的下属考察了西部的火车站。希特勒的副官施蒙特将军、恩格尔上尉、冯·贝洛上尉、冯·普特卡密尔上尉、托特博士和斯佩尔，为寻找恰当的地点都走遍了这一地区并考察了具体的地形。一位部队的参谋官发现了一个比较合适的地点，这个地点处于吉森瑙海姆的东麓，但是希特勒随即否决了这个位置。一个传统家庭的财产通常包括一处乡村住宅，广阔的农场以及房产，而这些恰好被认作是开展工作的最佳地点。当首个野战司令总部开始筹建的时候，这些农民就迫不及待地出售土地和财产。斯佩尔和托特接到命令，要求建造现代化的总部大厦，并在大厦周围建造一些地下碉堡，配有加强入口，以应对可能发生的空袭。同时也建一些燃料库和防御工事，整体看起来就像带有地下碉堡的高山小屋。为了达到分散防御的目的而建造单层的木质营房，它的外面砌有厚厚的水泥墙并装有4厘米厚的螺栓窗户。沿着下水道，安装有水电系统，并且几英里长的电缆井、高射炮阵地、战壕、警戒室都在整个建造规划中。

这个地点简称“A”，是Adlerhorst的缩写，意思是鹰巢。1939年底，这项工作进展的速度很快，花掉了成本预算的390万德国马克。但是工期还是落后于原定计划，如果想要在这里指挥向西进攻的军事行动，仍需要很长一段时间。另一个令人担忧的问题是电话局的布线工作，在几个月里不可能完成。尽管存在这些问题，但是经过数周大规模的工作后，希特勒突然宣布说，修建总部是一件太过奢侈的事情。在战时，他强调说，他应该过俭朴的生活。作为元首，他希望自己表现得谦逊而温和。所有这些，使得他原来的西线总部在战后获得了朝圣，他宣称，他永远不清楚自己是否指导了一场劳民伤财的战争（直到1944年至1945年之交，经过5年多的战争，总部司令部在阿登反击战时停止使用）。希特勒住在维森塔尔附近被称作“Amt500”的碉堡里，而他的统帅冯·伦德施泰特则居住在总部大厦里。

1939年11月，在更北面的鲁德特村庄附近，巴德明斯特赖费尔的东部，科隆的西南部，找到了一处据点。大约在同一时间，另一个据点选择在德国南部黑森林，它位于巴德明斯特赖费尔的附近，这一地点通过了提名、考察、批准，并迅速开始建造、装修。

希特勒要继续建设和规划一个永久性的西线作战指挥总部，希特勒将其临时设置在帝国总理府。希特勒把他在柏林官方住处的国会改装成战时会议室。在会议室的中间是一张大的地图桌。希特勒的副官腾出隔壁的房间，于是国防军最高统帅部的凯特尔和约德尔将军搬了进去。

在征服波兰后的一周里，工作人员发现希特勒正在焦急地考虑是应该继续向西进攻还是停战。1939年10月19日，国防军陆军总司令部无奈地颁布了一道草率的行动命令，被称为“黄色行动”（即袭击法国以及低地国家）。希特勒再次表达了他的看法，他认为与英法旷日持久的消耗战是对德国有限资源的巨大消耗，同时也暴露了德国企图通过苏联从其后面攻击西方国家的战略意图。虽然希特勒在他的工作人员面前表现得很乐观，但是在他的将军心中却充满着恐惧与疑惑。他们不同意希特勒的意见，对战争的前景不看好。陆军元帅冯·布劳希奇认为德国军队还没有强大到足以征服法国，并认为如果他们入侵法国，英国就会被拉进来，德军就要全副精力投入战斗。陆军总部的其他指挥官也反对入侵西方的计划，并亲自去面见冯·布劳希奇，向他阐述看法。他们当中没有人支持希特勒的看法，也不相信新的装甲师的实力。因此在国防军最高统帅部和陆军总部之间产生了极大的分歧。

1939年11月21日，心怀不满的希特勒召集军队的主要领导人到总理府参加一个特别会议。两天后的中午，众多希特勒的信徒挤满了会议大厅。针对反对他的观点，希特勒大谈特谈他极端的军事战略。近两个小时里，希特勒极其傲慢地提醒他的将军们，要像所有其他的士兵一样，去履行自己的职责，同时他还决定，坚决杜绝部队中有失败主义想法的存在。

虽然他暂时推迟了进攻西方国家的计划，但是这种不同的意见导致希特勒和他的高级将领之间产生了怨恨。因此国防军最高统帅部不顾布劳希奇将军的反对，直接与陆军总部的个别军官取得联系，处理军事事务。凯特尔与哈尔德联系，约德尔与陆军作战参谋部的冯·格赖芬贝格陆军上校联系。当希特勒有新的指示需要传达给陆军总部的时候，约德尔通常会召集冯·格赖芬贝格或者他的高级中校参谋豪辛格来到总理府。国防军总司令和军队的参谋长只有在得到希特勒传唤的时候，才能前往总理府。即使到12月初，仍然没有军方代表出席总理府的会议。只是偶尔不得不做一些各自军事行动方面的相关陈述。1939年—1940年整个冬季，国防军最高统帅部的一些军官与陆军总部的统帅们勾心斗角，甚至在没有总司令允许的情况下进行暗战。例如，在一个与第16集团军司令布什的私人会议上，希特勒与他详细讨论了通过阿登进攻西方的最初计划，对此他甚至都没有征询国防军总司令的意见。同样，凯特尔传唤古德里安将军，征询他关于这个问题的详细见解。所有这一切都进一步削弱了军队在帝国总部中的地位，同时阻止了它在未来军事行动中的决策权。希特勒下决心，再也不让他的军事计划受到任何争议。

1939年12月，虽然作战部忙于进攻西方的作战计划，但是希特勒却离开柏林，前往他的伯格霍夫别墅进行短暂的休息。在乘坐专列前往南方的旅行中，他花了3天时间参观西部战线，参加了党卫军团、步兵和空军部队的圣诞庆祝活动。几天后，他回到柏林，再次将“黄色行动”推迟到1940年1月中旬。他明确告诉凯特尔和约德尔将军，如果天气一直不好，他同意暂时取消进攻，直到春天或夏初时节。

几天后，他再次前往南部的伯格霍夫别墅，去过圣诞节。这个孤零零的山谷被称为上萨尔茨堡，自1935年被开发以来，这里的模样改变了很多。现在的游客要在钢丝网的保护下，穿过一段大约两英里长的路，经过身份确认才能通过两道闸门。除了帝国总理府外，希特勒没有明确的总部，于是他被迫开发了上萨尔茨堡。他很清楚，当他从一个战地司令部转移到处于巴伐利亚的这座别墅的时候，他的所有随从都要跟着他，包括助手、办公室人员、通信兵部队、元首护卫部队和他的个人党卫军警卫队——第1阿道夫·希特勒警卫旗队装甲师。由于他们都需要住处及办公地点，因此一个旨在为总部人员提供足够空间的庞大计划付诸实施了。在贝希特斯加登附近的施特鲁布，建造了部分步兵营；在温克尔附近，巴特赖兴哈尔–贝希特斯加登路上拟建了一个新的兵营。

尽管在上萨尔茨堡进行的是一项庞大的施工计划，但是希特勒在这座冰雪覆盖的山间别墅里度过了愉快的圣诞节。1940年1月10日，他又回到了总理府，并立即主持召开会议，与他的高级指挥官为“黄色行动”做准备。尽管天气报告证实，天气状况很适合发起攻击，但是1940年1月13日恶劣的天气迫使希特勒取消了前线的所有行动。随着天气状况的日益恶化，他最终指示，进攻计划取消，直到春天来临。同时他清楚地告诉陆军总部要时刻处于警戒状态，要当作“黄色行动”随时都可能开始。

1940年1月底，对西方的攻击计划看起来比以前更加迫在眉睫，希特勒急切地派他的首席军事副官对西线的延长区域进行考察。2月1日回到帝国总理府，陆军上校施蒙特兴奋地向希特勒汇报说，伟大的埃里克将军、冯·曼施坦因将军、装甲王牌军海因茨·古德里安将军都支持他进攻波兰的计划，同时相信，如果采取新的作战方法，一定能取得决定性的胜利。毫无疑问，这个消息使希特勒更加相信自己的军事才能以及逻辑规划能力。随后所取得的显著战绩，使他更加不愿意听取任何军事顾问的意见。1940年1月17日，在一场为新任军官举行的午餐会上，希特勒亲自与曼施坦因将军进行了面谈。在晚餐时，希特勒再次提起进攻西方的宏伟战略，并详细讲述了在入侵挪威并与英国作战中要维护德国的战时经济问题。

这一战略需要在英国对总理府施压之前，占据挪威的海岸线。希特勒组建了一个特殊的人员小组，专门研究针对挪威的军事行动。由最高司令总部挑选的尼古拉斯·冯·法尔肯霍斯特将军对这次行动的准备工作进行了详细的研究，并由他指导这次行动。希特勒再一次对国防军最高统帅部给予了极大的漠视，同时根本没有征询最高统帅部对行动的任何见解。一名工作人员询问，为什么哈尔德没有对计划作简要的指点。希特勒回答说，鉴于西部作战的计划也同时在进行，他不想越权于陆军总部之上。

1940年3月1日，法尔肯霍斯特将军在帝国总理府向希特勒提交了入侵挪威与丹麦的计划书。两个星期后，3月17日，希特勒和他的随从人员离开总理府，登上元首专列“亚美利加”号，这一专列的名字源于一个小村庄，它位于伊普尔的东南部，靠近亚美利加，在第一次世界大战期间，希特勒在这里第一次参加军事战斗。乘坐“亚美利加”号专列，希特勒和他的随从向南行驶，到达勃伦纳山口，在那里他遇到了意大利独裁者墨索里尼，讨论了意大利应以德国盟友的身份加入战争的原由。两天后，希特勒回到柏林。3月22日，他再次南下，在复活节的周末，飞往伯格霍夫别墅。复活节后的星期一，他返回帝国总理府，这样他可以和他的军官们讨论即将进行的军事行动。在作战会议上，希特勒告诉他的军事人员和海军专家包括海军上将雷德尔应该抢占先机，在1940年4月17日占领挪威。

1940年4月1日，希特勒亲自精心挑选了这次行动的指挥官。6天后，德国海军舰队出航，向挪威的6个城市开进。海军工作人员都是总理府的熟面孔，他们向希特勒保证，他们一定会为他取得胜利。4月9日，法尔肯霍斯特给总理府传来了一条消息称：“挪威和丹麦都已经被我们占领，请指示。”然而，第二天的报告却证实，英国海军远未被打败，而且还进入了纳尔维克水域，击沉了德国的一些货船和驱逐舰。得知这一消息后，整个德国的参战人员全都乱了阵脚。这场危机如此严重，希特勒公开对布劳希奇将军说要彻底放弃纳尔维克。接下来的一周，在挪威的军事进展情况使希特勒变得越来越焦虑不安，并与凯特尔和约德尔开始争论不休。甚至在他的51岁生日那天，希特勒也无法放轻松，因为他大部分思绪都沉浸在是否因为纳尔维克而放弃英国。然而，在4月的最后一天，总理府终于收到了期待已久的胜利消息。当天午餐时间，希特勒心情愉悦，并感谢约德尔将军为胜利所做出的贡献。

军事危机使国防军最高统帅部完全陷入无秩序状态，许多混乱都归咎于缺乏总部的统一组织，很多部门都处于分散状态。不得不承认，从希特勒转移到战地司令部开始，他就建立了新的坚实的指挥组织，由最高统帅部人员去指导和执行更高效的军事系统，包括全面的信息网络。

希特勒建造新的西线指挥部的工作也正在进行。高级指挥所的位置是保密的，只有特定的参与人员以及希特勒的随从人员才熟悉具体位置。三个位置已经被批准，其中一个是希特勒选定的，位于罗德特村庄附近，在巴德明斯特赖费尔的东部。新选定的地址起初被称为“装置R”，后来被称为“装置F”，最后被称为元首总部。在这里，希特勒要指挥进攻西方国家的战争。他指出，陆军总部应设在同一区域，他亲自挑选了附近的一处屋子作为陆军统帅以及参谋长及其精要人员的总部。空军参谋长被留下来，去选择适合自己的总部。

约德尔接到严格的指示，由托特负责总部以及周边御敌工事的建设工作，要求以最快的速度完成。“黄色行动”预计在1940年5月份的第一周秘密进行。当务之急是希特勒要在新的总部里完成所有的准备工作。虽然总部的建设已处于收尾工作，但是希特勒召集作战人员在帝国总理府召开了最后一次秘密会议，讨论关于西部进攻计划的一些细节问题。希特勒获悉，整个国防军于1940年5月5日接到命令，24小时内出发。德国军队目前正沿着荷兰和比利时边境，准备充分发挥其强大的装甲部队的作用，只要一接到开战通知，就立即发动大规模的军事行动。5月3日，恶劣的天气再次推迟了“黄色行动”，这是第4次被延迟。周日，气象报告第5次证实，恶劣的天气仍会阻止行动，所以“黄色行动”改为5月8日进行。在此期间，希特勒告诉凯特尔和约德尔，他决心一天都不多等了。

他下令为总部工作人员印刷一个特殊的时间表。时间表显示，在5月7日，希特勒乘坐专列离开柏林附近的一个小车站，第二天抵达汉堡，前往奥斯陆进行一个正式的访问。但是据当天的天气预报报道，天气有可能变得很差，所以希特勒在去奥斯陆的途中推迟了“黄色行动”。尤利乌斯·绍布和马丁·鲍曼对希特勒在“黄色行动”即将开始之际突然访问奥斯陆感到疑惑不解。但是他们不知道，为了保证希特勒新的总部的隐秘性，已经采取了特殊的安全防范措施，即使是他的贴身随从也并不清楚。

1940年5月9日下午，希特勒和他的随从人员离开总理府，驶离柏林，前往芬肯克鲁的一个小车站。“亚美利加”号专列在那里等着他们，这辆长途列车的两端车厢顶端都配置了轻型高射炮。下午4点半，火车缓慢地驶出车站，消失在夜幕中。为了隐瞒专列的去向，“亚美利加”号首先沿着汉堡向北，但是傍晚时分，改为向南前进，而后驶入一个叫做哈格诺的小车站。然后继续向南，最后一路向西，前往希特勒最后的目的地。到这个时候，随从人员才意识到，他们根本就没去奥斯陆。

旅途中，多数时候希特勒表面上看起来都很平静，而随着攻击命令最后期限的临近，他明显变得紧张而焦虑。深夜，代码“但泽”的命令传达给前线部队，责令其准备行动。因为空军准备在凌晨4点25分到达低地国家的领空，“亚美利加”号最终到达目的地。透过列车的窗户，看到一个月台，名字是奥伊斯基兴，它是比利时边境附近的一个小镇。为了安全起见，希特勒抵达时的警戒森严，甚至这次行动的代码被安排为“圣神降临周”并提出在离开的时候再核准。在车站前，全副武装的元首护卫部队各就各位，负责希特勒的安保。希特勒和工作人员在夜幕降临时走下火车，总部汽车护卫队迎接了他们。在30分钟里，车队驱车穿过连绵起伏的乡村。在清晨5点终于到达了目的地。该地区立即被封锁，进行警戒。希特勒和他的工作人员穿过警戒线，经过一个高大的铁丝网防护栏，穿过茂密的树林和灌木丛，最终车队到达了希特勒的新的指挥总部。

这是希特勒山区别墅“伯格霍夫”的入口。位于巴伐利亚山脉贝希特斯加登的一个小镇上。1935年，该处被重建、扩建，重新命名为伯格霍夫，此后这里成了希特勒居住和度假的地方，长达10年之久。希特勒在此的大部分时间都在抱怨参战人员。

新的帝国总理府大楼落成，照片拍摄于1939年。1938年1月下旬，希特勒正式委派设计师阿尔伯特·斯佩尔在柏林沃斯大街和威廉大街交叉处建立一个新的帝国总理府，要求一年内完成。这座建筑在战时是他的官邸，也是他的总部之一。

希特勒参观前线的时候受到国防军和空军人员的欢迎。他多次穿着与众不同的绿色皮大衣访问前线。

希特勒在新帝国总理府的办公室。办公室很大，有400平方米。在此，他与政要和来访的世界各国领导人举行会谈。战时，在这里举行过很多次作战会议。

希特勒的专机“格伦茨马克”着陆以后，他的一个总部护卫官正在观望。希特勒是第一位拥有私人飞机和飞行员的元首。在20世纪30年代和第二次世界大战期间，希特勒的专机搭载过万古流芳的人，也搭载过臭名昭著的人。包括希特勒核心集团的人物和欧洲各国的许多权贵。飞机曾带着他们飞抵希特勒的秘密总部和遥远的东线。

空军部队的士兵在一间警卫室中。这种警卫室设在希特勒专列或者专机停靠的地方。

两名机组人员坐在希特勒专列的发动机上拍照。这列火车在战前被命名为“元首专列”（代号为元首的专用火车F）。战时，专列名字改为“亚美利加”，1943—1945年又改为“勃兰登堡”。

希特勒的专列。这辆列车有12节或者更多的车厢，仅有一个发动机（到1941年才出现前后各有一个引擎的火车）。列车上，有2节防空餐车、2节行李车、希特勒的卧铺车、1节新闻车（里面设有1个通信中心和1台700瓦的短波发报机）。车上为希特勒的大批宾客提供了就餐、洗浴和住宿的地方。

战争初期，党卫军为表示对希特勒的敬意，为他举办了一次午宴。聚会上，希特勒与他的军官们谈论接下来的战斗事宜。

希特勒在参观战场。希特勒对波兰战役产生了浓厚的兴趣，火车每停靠一站，他都要在那里待上几天，不考虑任何危险。

希特勒在他的专列上。在车上，希特勒把精力完全集中在波兰战役上。因为火车可以随时随地启动，所以希特勒能够轻而易举地访问他感兴趣的前沿阵地。他每天都前往指挥部车厢，听取关于战争形势的军事汇报。

希特勒在他的专列上挥手致意。

希特勒和他的宠物狗从专列上下来，随从和保镖跟着他。当他经过空军高射炮炮手前面的时候，士兵们向他致敬。

1939年9月，在对波兰战争的早期，一辆半履带车牵引着一门口径为8.8厘米的高射炮。波兰的战争如此迅速，被德国军队称为“18天的胜利进行曲”。

坦克兵在前往波兰的急行军途中停下来，为继续前行做好准备。

在前往波兰的行军途中，各种各样的车辆零散地停在一片空地上。希特勒通常坐着专列前往波兰前线，定期了解军队的作战情况。

在波兰一段尘土飞扬的道路上，一队摩托车士兵开往前线。请注意M34型机枪架在摩托车的一侧。

一队摩托化部队在行军中停下来休息，然后继续前进，开往波兰的中心地带。

1939年，一个德国主力部队的士兵正在站岗，一门10.5厘米口径的大炮被放在掩护网的下面。

尽管希特勒坚信坦克在地面上的快速移动是闪电战的特点之一，但是1939年德国军队的行军仍主要依靠畜力的拖拉。

第二章

进攻西方国家的战争

“鹰巢”的名字源于一座海拔400米的山。从这座山上可以俯瞰罗德特村。这座建筑占地30公顷，包括碉堡、防空炮位，以及各种各样的营房。碉堡总共有4座，占地面积250平方米，包含2个加强碉堡和3个营房。这些建筑耗用了约3000立方米的混凝土。建筑物周围是用钢丝网搭建的安全栏，上面安装了木质瞭望塔，配有高高的木腿。当地人把这个建筑称为第1安全区，里面住着来自帝国总理府的希特勒以及他的随从军官、助手和秘书。在所有建筑中，最大、最重要的就是希特勒的住所，内设一间工作室、一间卧室、几间助手的卧室，以及厨房和浴室。这栋房子一端是副官的居所，另一端是约德尔将军的居所。凯特尔将军的房子在希特勒的隔壁，是一间没有窗户，但是有空调的水泥房。在其他建筑中，还包括一个营房式的房子，用作分析局势的会议室，还有一个没有窗户的食堂，里面放置一个长条桌，可供20位客人使用。在长长的墙壁上，是一幅法国地图。

在这些建筑旁是一条石子路，通向各种营房或者碉堡。麻雀虽小，但五脏俱全。这些房间里有电话、交换机、收音机、打字机、无线电通信设备，这些建筑是工作和居住的地方。事实上，空中是侦察不到这些房子的。

在周围的一些村庄里，也建了一些营房式的房子，提供给希特勒的副手，被称作“第2安全区”。这一地区的居民已经全部被疏散，村里的大型农场为15名军官和文员，以及40名助手提供了足够的工作和生活场所。然而，很多房子被希特勒的随从人员占用，包括他的贴身护卫。

在这两个安全区工作的人们描述了整个总部的生活状况。各个区的生活在很多方面都不同。比如，在第2安全区里，基本都是军人，完全就是军队状态的生活。但是在希特勒的安全区中，时常可以看到非军事人员。希特勒核心集团里的非军事人员穿着灰色的战地制服，戴着由他们自己选择的军衔徽章。

“鹰巢”总部的日常工作和帝国总理府十分相似。一天里，不同的部门在不同的时间段，来到“第1安全区”，轮流向希特勒汇报。部门L负责搜集情报，对其进行分类，添加形势图，然后按顺序送到“第1安全区”约德尔将军那里。在简报室中，希特勒坐在椅子上，身边只有他的亲信，约德尔向希特勒汇报这些搜集上来的简报。在会议上，希特勒和他的军官们详细讨论作战计划，在战争开始的第一天，首先要攻击低地国家，然后是法国。

在“鹰巢”，希特勒的精神状态最好。然而，指挥官和士兵对即将付诸实施的军事行动却惊恐万分。此时凯特尔的装甲军团沿着英吉利海峡，浩浩荡荡地穿过法国北部。1940年5月17日，希特勒离开总部，乘汽车前往巴斯托涅，到达阿登高地，与A集团军指挥官伦德施泰特将军讨论主力部队进抵英吉利海峡的进展情况。在回总部之前，希特勒留下来用了午餐，然后参观了军队，对取得的胜利兴奋不已。然而，返回总部后，他显得焦虑不安，因为他接到了一份法国军队未被击败的战报。直到1940年5月20日，局面已经完全被德军掌控，他才最终放心。在当天晚上的会议上，希特勒收到一份战报，上面说装甲部队已经到达英吉利海岸。此时，胜利是必然的，只是时间问题。

这段时期，总部相对平静，敌军空军偶尔也有一些军事行动，但是都没有威胁到这里的安全。不久，在5月25日午夜，总部防空部队与飞过总部的一架敌机交火。第二天晚上，敌军增加了飞机的数量，致使总部防空部队用掉了384发炮弹。来自巴德明斯特赖费尔防空兵的战报说，他们发现敌方出动了很多飞机，包括轰炸机和小型飞机。他们用掉了570发MG34机枪的子弹。据说至少有一架飞机被击中，还有一架敌机投下了一些炮弹，但并没有造成太大破坏。在接下来的几个晚上，部队加强了对敌机踪迹的监测，这一过程中，击落了两架敌方轰炸机。

法国战役的第二阶段代号为“红色行动”，希特勒想把他的整个大本营转移到比利时的小村庄布鲁佩施。1940年5月，中校托马斯和陆军上校施蒙特、恩格尔上校、托特博士一起选择了这个村庄。布鲁佩施位于比利时科维因西南部10英里。德军在那里建了三所房子，一间给希特勒，一间作为餐厅，一间为国防军最高统帅部L部门使用。在布鲁佩施的西部，即希特勒营房的附近建了一间俱乐部和构造简单的木质房子。乡村教堂和学校用作总部办公室。同时建立了第二个俱乐部以及碉堡，并在村南的草地上，为“鹤式”轻型侦察机建造了起落跑道。

这一新的基地代号为“草原”（森林草甸），周围是铁丝网以及固定的链状护栏。负责防护这里的是元首护卫部队以及野战炮兵部队、防空部队，包括604储备堡垒防空支队。整个警卫队包括26名军官、185名军士，以及800名士兵。整个部队有6辆卡车，上面装有口径为2厘米的大炮，35挺轻机枪以及两挺MG34重机枪。这些武器的兵工厂增加了4门口径为3.7厘米的反坦克炮，20门标准反坦克炮，8门口径为2厘米的铁路反坦克炮。

1940年6月6日，希特勒从“鹰巢”总部出发，到达布鲁佩施，并将那里重新命名为“狼的幽谷”。在战争初期，希特勒就被称作“狼先生”，现在他把这个名字作为这个总部的代号。希特勒一到村庄，他的一些工作人员就接管了那里，此处被戏称为“狼的宫殿”。

当L部门的主要军官乘飞机抵达那里的时候，总部的收尾工作还在进行。尽管离最后期限还有8天，但是为了显示这一工程的壮观，仍要求如期完工。在司令部，除了满眼的防空部队和铁丝网外，沿着石子路，还有一座精心布置的花园。6月6日，当希特勒抵达这里的时候，水泥还没有干。自从希特勒和他的随从人员占用这个村庄以后，就将学校的一间房改为地图室。L部门的人员占用一所木质的房子做办公室，将农舍附近的房子做住处。陆军总部位于几英里外希迈区的一个名字叫做福尔日的小村庄。

“狼的幽谷”这个总部的外表及内部装饰均表现得很谦逊、简朴。虽然工作人员和警卫队占用了村庄里的房屋，但是希特勒自己的房间却非常简单。德军曾经为他建了一个防空洞。尽管有频繁的空袭警告，但是他从来没有使用过。

希特勒在“狼的幽谷”总部的日子，从来没有像在“鹰巢”有那种家的感觉。同时，更糟糕的是，房间和周围的森林里到处是蚊子，使他困扰不堪。在这座新的总部里，希特勒的情绪充满了戏剧性，他似乎比以往任何时候都更渴望结束这场战争。克里斯塔·施罗德回忆说，每个人都迫不及待地希望听到法国沦陷的消息。日常的作战会议报告证实，“红色行动”已经沿着整个前线，成功渗透到敌人的防线中。

1940年6月14日傍晚时分，传到总部的消息称，德国的第一支部队——第9步兵师，已经进入法国境内，并于1个小时内到达城市中心。城市100万人口中仅有70万人留守，其余30万人疯狂地逃往南部城市以躲避德国迅猛的进攻。3天后，在6月17日早上，在晚一点召开的军事作战会议上，希特勒接到消息，称法国希望停战。据约德尔的参谋回忆说，当希特勒听到这个消息的时候，高兴得跳了起来。凯特尔被他兴奋的举动震惊了，走上前去，对他表示祝贺，盛赞他是有史以来最伟大的战地指挥家。下午，异常兴奋的希特勒乘上他位于法兰克福的专列，前往慕尼黑，与墨索里尼商谈停战事宜。

6月21日，希特勒回到总部后，在教堂里商讨并制定新的停战协议条款。当天下午，希特勒离开了“狼的幽谷”总部。他的第一段行程是，乘坐汽车，前往法国北部的贡比涅森林。20年前就是在这里，恺撒大帝的代表福熙元帅向法国投降。而现在，也是在这片森林的空地上，法国人也要蒙受1918年德国军人同样的屈辱。希特勒、戈林、赫斯、里宾特洛甫和冯·布劳希奇仍坐在这辆历史悠久的火车的车厢里，同时，法国代表在听着凯特尔将军宣读停战协议的条款。希特勒只是出席了整个谈判的过程，在当天晚上便回到了那座让他能够控制法国的“狼的幽谷”总部。

第二天，希特勒和凯特尔秘密前往勒布尔热机场，一个汽车队等在那里，带他去参观法国的建筑奇迹。第二天早上，他们又回到了比利时。

1940年6月25日，与法国的停战协议将在午夜12点后的1小时35分钟后生效。当天晚上，“狼的幽谷”总部里的气氛都很轻松。在希特勒的房舍里，他与他的建筑师阿尔伯特·斯佩尔、副官、秘书，围坐在木制的桌子旁边。餐厅的灯被关掉，窗户被打开。坐在黑暗中，大家推杯换盏。凌晨1点35分，第1警卫连的号手吹响了停战的号声。强忍着激动的情绪，凯特尔在黑暗中站起来，作了简短的讲话，然后冲着希特勒——他们的最高指挥官，举起酒杯。所有军官举起酒杯，碰杯。而希特勒坐在那里，感慨万千。出于礼貌，他也把酒杯放到嘴边，但是一滴酒也没喝。

接下来的几天里，举行了一系列的庆功活动。既然已经取得了胜利，国防军最高统帅部集结在“狼的幽谷”总部以及周边地区的队伍，即深入克尼比斯山脉的黑森林。该指挥所位于弗罗伊登施塔特附近，它是在1939年准备启用的总部之一。它被称为“军事基地T”或者“坦嫩贝格”。6月19日，希特勒事实上已经下令“坦嫩贝格”为他的到来做好准备。9天后，希特勒和他的随从最终离开“狼的幽谷”，从格罗斯卡尤机场飞往“坦嫩贝格”。

1939年10月1日，“坦嫩贝格”开始建造。2340立方米的混凝土耗用到两个碉堡的建造中，这两个碉堡有一半是深入地下的。其中一个是为希特勒而建，另外一个是为通信部门建造的。此外，还建造了若干营房以及临时营房，还为希特勒和他的军官建了一个屋舍，为国防军最高统帅部军官搭建了住处，还建造了俱乐部、茶馆、会议室、警卫营、党卫军护卫行动队以及其他安全服务场所。

希特勒决定在“坦嫩贝格”作短暂的停留，然后再返回帝国总理府。这样，他可以参观访问马其诺防线坚固的壁垒。这个小型总部的选址不是希特勒最中意的地方。这个地方本身就有几英亩的建筑面积，被高大的松树覆盖。它的周围是茂密的松林，因此即使使用护栏或者警卫也很难完全警戒。大部分建筑都坐落在黑森林公路的北部森林中。L部门被安置在1英里远的主干道上的亚历山大跳台旅馆。很多人都不赞成这样的安排，因为它处在安全区以外，安全很难保障。在靠近总部的地方，建造了飞机航道，并一直处于使用中，因为陆军总部已经搬到枫丹白露。

在希特勒住在“坦嫩贝格”的第一周里，下起了大雨。当天气晴朗，阳光明媚的时候，希特勒就会步行穿过第1安全区的森林，旁边跟着客人、部门长官、副官或警卫。如果他没有穿过森林，而是漫步在芳香的空气中，或与他亲密的人坐在茶馆里，那他就会把时间花费在会议中，讨论入侵英国的计划。入侵英国的建议虽然由希特勒提出，但是他表现得不是很热情，尽管如此，他最终依然命令他的军队指挥官开始做好入侵的准备工作。他希望通过这一威胁举动，使英国政府对其意图有所知晓。他的工作人员发现了一个地点，适合他直接指挥对英行动。于是，在法国北部的兰斯建立了一个长期的总部。位于泽伊根堡的旧基地，此时也被提及。希特勒对位于兰斯的总部没有表现出任何热情，但是他勉强同意了启用泽伊根堡，可是对于指挥入侵英国的军事行动仍然没有表现出热情。一天晚上，在茶馆里，希特勒公开透露，他并不希望去征服英国，而是想讨伐东面的布尔什维克——苏联。

虽然作战人员继续策划进攻英国南部的计划，但是希特勒与冯·布劳希奇、哈尔德、冯·洛斯伯格举行了秘密会谈，商讨对苏联战争的可行性。布劳希奇、哈尔德和洛斯伯格都表示，他们将立即着手做好这项工作。洛斯伯格根据他的儿子的名字，将这次对苏作战命名为“弗里茨”，并下令情报部门利用一切可能的手段来蒙蔽英国，使它相信德国正准备对其发动战争。

1940年7月5日，希特勒和他的总部工作人员终于离开阴冷的“坦嫩贝格”，搭乘专列“亚美利加”号回到柏林。希特勒计划搬到泽伊根堡的指挥部，这个地点被称为基地A，也就是“鹰巢”的意思。元首护卫旅的先遣部队已经提前离开“坦嫩贝格”。而其余的，包括指挥官、陆军中尉库尔特·托马斯在内，都在几天后离开。只有警卫部队的一小部分留在了“坦嫩贝格”。直到7月13日，他们才被来自斯图加特的V军团的警卫部队替换。警卫部队将继续在“坦嫩贝格”等待希特勒的到来。

在柏林，一个公休假日随即被公布。成千上万的纳粹党十字徽标出现在街道两旁，一直到总理府。玫瑰花为希特勒的车队铺道。在军乐队的演奏中，“亚美利加”号专列驶入安哈尔特车站，戈培尔博士通过无线电网络对盛况进行现场报道。总部人员回忆起专列抵达时的情景，仍倍感难忘。离开数周后，许多人都很高兴能够回到柏林。然而，仅仅3天后，即7月8日，“亚美利加”号专列再次离开，搭载着希特勒，前往南部的奥地利和巴伐利亚。行程的最后一站是贝希特斯加登，希特勒在那里住了一周，仔细思考他未来的军事计划。在他的伯格霍夫别墅，希特勒召集军事指挥官，不情愿地谈论进攻英国的计划，作战代号为“海狮行动”。希特勒命令运输船只和船员沿着英吉利海岸停靠，这样他们就完全暴露在英军的侦查范围内。而后戈林的空军派出一支象征性的军队，这显然是无法在争夺制空权的战斗中取得胜利的。

1940年7月18日，希特勒回到总理府，继续讨论向英吉利海峡派出作战部队，而后又重复他偏好攻击苏联的有力论据。一周后，他离开总理府，前往伯格霍夫别墅，并在那里与最高统帅部、陆军和海军军官再次举行了一系列会议，讨论“海狮行动”。他详细讲解了苏联的情况，并告诉他的主要军官们，对苏联的作战势不可挡。由于天气条件不利，估计要在明年春天，也就是1941年5月发动对苏战争。德军将有整整5个月的时间去打败苏联红军。

国防军最高统帅部的作战长官开始着手计划“弗里茨行动”。8月9日，希特勒透露了第一道指令，即建立东部战线。希特勒命令哈尔德及瓦利蒙特独立领导作战部队，准备对苏联的作战计划。出于安全方面的考虑，要让不了解希特勒进攻苏联计划的人员（如海军上将雷德尔）相信，不断增加前往东线的作战部队的目的是为了掩饰即将发动的对英战争。

当天，希特勒和他的工作人员回到总理府。希特勒接到消息，称戈林的空军已经处于英国的领空。在接下来的几天中，希特勒和他的亲信忙于推进这项作战计划的进展。第一份报告令很多国防军最高统帅部感到失望。由于不可预知的英国夏天的天气状况，再加上希特勒的空军缺乏支援，空袭行动不断受阻。

1940年8月16日晚，希特勒和他的随从人员再次离开柏林，前往伯格霍夫。几天后，当他再次回到柏林的时候，德军已经遭受了英国轰炸机的袭击。几天之后，希特勒与戈林召开会议，试图结束与英国的空战。戈林下决心加强空中作战，询问希特勒是否可以解除关于轰炸伦敦的长期禁令。在希特勒还在考虑他的想法的时候，戈林在当天下午离开柏林，前往他的新的海岸总部。他相信，希特勒会全力支持他的。

我们不能确定戈林是否真正了解希特勒的野心不是袭击英国，而是苏联。但约德尔的工作人员确实注意到，戈林对“弗里茨行动”的准备工作完全没有兴趣，他认为那种行动是不可能执行的。与戈林的想法相反，希特勒的态度是认真的。他已经找到了一个合适的地点作为他在东线上的新的指挥部。托特接到命令，建造一个规模巨大的堡垒，因为面积很大，而且还是半地下式的，所以需要花费几个月的时间去完成。这个堡垒只有希特勒的几个亲信知道，它位于东普鲁士的格尔利茨森林深处，距离拉斯滕堡小镇东部几英里远。在被封锁以前，这个地区是附近城镇居民的旅游胜地。建造指挥部的任务落在那些能工巧匠的手上，总工程师彼得·贝伦斯负责指挥庞大的施工队伍。在施工初期，这里被伪装成北营工程以及阿斯卡尼亚化学工程项目。

1940年9月份，虽然彼得·贝伦斯已经完成了希特勒在东普鲁士指挥部的设计蓝图，但是希特勒仍忙于应对对英空战。这段时期，英国东南部上空的空战愈演愈烈。

不屈不挠的英国战斗机飞行员将精力全部投入战斗中，但是希特勒认为这是他们的权宜之策。即使战斗异常激烈残酷，很多德国飞机被击落、飞行员丧生，但希特勒的工作人员发现，希特勒仍专注于“弗里茨行动”的研究，并重新起草了第一个指令。

10月份，希特勒大部分时间都没有待在总理府，而是乘坐“亚美利加”号专列，前往法国、西班牙和意大利的边界，相当一部分时间都在车上处理政务。他在伯格霍夫住了很多天后，于10月底，回到柏林。11月，他再次把注意力转向苏联。

1940年12月5日，参加对苏战争的三个集团军的指挥官面见了希特勒、布劳希奇和哈尔德。到此时，“弗里茨行动”才第一次在帝国总理府成为公开的话题。在座的军官们清楚地意识到了这项针对他们死敌的作战计划有多严重。在长达3个小时的时间里，他们针对即将到来的作战行动的每个步骤都进行了激烈的讨论。目前没有证据表明，有任何人反对希特勒的计划。每个人都对这场战争充满了热情。

终于确定下来进攻苏联的计划了，希特勒如释重负，信心满满。他和亲信乘坐“亚美利加”号专列，沿着英吉利海峡行驶，准备与那里的军队一起庆祝圣诞节。1940年12月23日，希特勒专列驶入布伦镇。当希特勒和他的亲信在餐车围坐下来，准备用餐的时候，英国的飞机沿着海岸线发起攻击，包括布伦镇。没等高射炮手发射口径2厘米的高射炮，火车便匆忙驶入附近一处相对安全的隧道。两天后，专列上的人们在位于加莱和敦刻尔克之间的法国海岸孤零零地度过了圣诞节。

接下来的几个星期，德国为即将到来的对苏行动招收了大量作战人员。在此期间，军队高层人员不知疲倦地集结了军事史上最大的一支作战部队。众多军官前往总理府，商讨作战计划，布劳希奇和哈尔德是其中的常客。随着第一波部队开往苏联边界，希特勒和国防军最高统帅部被迫立刻处理地中海的事宜。在那里，墨索里尼企图在北非发动独立战争的梦想戛然而止。与空军和陆军统帅商量后，希特勒不得不派出一支轻步兵和装甲兵部队，与德国海军陆战队人员一起前往利比亚。

1941年2月6日，新的非洲军团指挥官抵达总理府。负责指挥利比亚作战的正是希特勒护卫营原指挥官隆美尔将军，他被委任为德军在利比亚的总指挥。隆美尔和希特勒详细讨论了意大利在非洲岌岌可危的境况。

几天后，希特勒离开总理府，乘坐“亚美利加”号专列前往伯格霍夫别墅。在那里，他收到了第一份关于北非作战情况的鼓舞人心的战报，当即批准了隆美尔将军所有的要求。随着非洲战况越来越好，以及英国军队被驱除出阵地，希特勒和他的作战人员再次把注意力转向巴尔干半岛。希腊似乎仍然拒绝与意大利签订和平条款，但是勉强同意在

"巴巴罗萨行动"安全启动以前，同意被占领。德国国防军需要一条明确的道路开进希腊，虽然匈牙利、罗马尼亚和保加利亚同意德军进入，但是南斯拉夫不希望德国干预巴尔干地区的事务。

在1941年整个3月份，总部的工作人员都在为东线战役做准备，希特勒大部分时间都在总理府，试图说服南斯拉夫政府听从他的要求，并允许部队经过巴尔干地区。至3月26日，希特勒与南斯拉夫政府仍没有达成政治协议，于是发布了第25号指令，立即入侵南斯拉夫。他命令凯特尔和约德尔制定军事计划，迅速占领巴尔干地区，以便国防军为入侵苏联做准备，即使入侵苏联的行动不得不推迟4个星期。

3月30日，希特勒在总理府召开针对东线作战的专门会议。这次会议非常重要，以至于凯特尔安排最高统帅部所有部门的军官全部前来聆听希特勒的指示。在两个小时里，希特勒详细阐述了对苏战争在意识形态和军事上的原因。他要求军官士兵在一场空前的意识形态之间的战争中要绝对忠诚。与西线作战不同，他说，在东线作战不需要任何怜悯与仁慈。

希特勒命令军官为这场势不可挡、不可避免的东线战争做好准备。同时，巴尔干战争也终于爆发。在1941年4月9日下午，德国电台广播了德军在巴尔干东南部首战告捷。希特勒听到消息后，兴奋不已。第二天，他乘坐"亚美利加"号专列前往慕尼黑。4月11日，列车到达维也纳，然后到达格拉茨。经过一段单线铁路，穿过一条隧道，到达阿尔卑斯山。最高统帅部的指挥列车"阿特拉斯"号暂时停靠在3000码远的一条隧道中。上午7点20分，希特勒的列车在进入隧道前就停靠在小山岳附近的默尼希基兴火车站。因为预计有空袭发生，所以默尼希基兴的隧道已经专为希特勒的专列提供掩蔽服务，但是什么都没有发生，于是火车驶入了车站。党卫军警卫立即持枪封锁了该地区。这戒备森严的区域在接下来的两周内成了希特勒的指挥部。"亚美利加"号专列停了下来，但是车头的发动机始终都处于工作状态，以便一旦接到紧急通知，便可立即驶入隧道。这个地方被党卫军称作"春之梦"。

此时，希特勒唯一与外界的联系是通过国防军最高统帅部的通信部实现的。他每天在车站旅馆接见到访的军官、部长，看一些新闻汇编。除此之外，希特勒从来都不敢冒险越过站台。在"亚美利加"以及"阿特拉斯"专列上，希特勒和他的总部工作人员指挥了南斯拉夫以及希腊战役，并最终取得胜利。至1940年4月12日，贝尔格莱德已经被占领，5天后南斯拉夫投降。

1940年4月26日，"亚美利加"专列驶离默尼希基兴基地，前往先前的南斯拉夫前线。

两天后，希特勒回到总理府。几天之内，希特勒将6月22日（星期日）定为东线战争新的开始时间。5月4日，在离开总理府之前，他再一次召集国会代表前往专列上开会。

虽然希特勒制定了入侵苏联战争的初步措施，但是总部的各部门仍继续关注战争计划，各司其职。在约德尔将军的指挥下，L部门负责收集大量来自陆军、海军和空军的侦察数据。对于日常简报，他们提出对传达给陆军总部的计划做出细微的变动，这样就可以沿着苏联边境，根据不同的命令，将信息传递出去。

6月的第一天，进入了作战计划的最后阶段。最后一批德国军队开赴东线。“巴巴罗萨行动”将在不到3周的时间内爆发。6月11日，希特勒派施蒙特去检查在东普鲁士为他修建的新的指挥部是否已经完成。除了这个总部，在东部还匆忙修建了另外两个基地供希特勒使用。一个是位于波兰的托马舒夫附近的中心营；另一个是位于斯奇茹夫和Frysztak之间的一段铁路的北部，波兰东南部的普热梅希尔西部的南营。这两个地方是为希特勒建造的人造钢筋混凝土隧道，但是从未投入使用。

两天后，即6月14日，希特勒从伯格霍夫返回，召集了所有集团军、陆军、装甲军团的指挥官，以及海军、空军指挥官连同统帅部的高级军官及他们的直接下属，在总理府开会。因为参会人员包含大量首次进入总部的高级军官，所以希特勒要保持会议的绝密性，颁布了严格的安保措施，并为他们的到来，在新旧总理府设置了很多入口。与会者根据在前线所属部门被分组。他们在规定的间隔时间里，被希特勒接见，并受到他热烈的欢迎。参加会议的人都信心十足。当他们离开总理府的时候，他们确信，在德军强大的军事进攻下，苏联一定会屈服。

在发动入侵苏联战争的前夜，总理府充满了戏剧性，因为国防军已经位于苏联的边界。希特勒在他的工作人员面前显得很焦虑，但是却很乐观。为了尽量放松，他比平时早睡了。当他在凌晨3点沿着930英里的战线从波罗的海到达黑海，并准备睡觉的时候，300万名战士，实力雄厚的大规模部队，无情地横跨广袤的土地，侵入苏联。

在柏林，“巴巴罗萨行动”将总理府的每个人从睡梦中惊醒。后来，在当天早上证实，德国的先锋部队，在所有作战部队的协同下，粉碎了苏联的边境部队，逼其投降。入侵苏联的德国军队被分成三个集团军：北部集团军，由陆军元帅威廉·冯·里布指挥，负责沿东普鲁士—立陶宛边境袭击；中央集团军，由陆军元帅费多尔·冯·伯克负责指挥强大的装甲军跨越波兰—苏联边境以及华沙的北部和南部；南部集团军由格尔德·冯·伦德施泰特元帅指挥，已经部署在苏联延伸的边境线。战争前线由波兰中部延伸至黑海。不久后，三个集团军横扫苏联各条防线的阵地，目的是迅速捣毁苏军总部。

战地传来振奋人心的捷报，证实了希特勒一直所坚信的计划。红军已经完全乱了阵脚，其步兵的抵抗极其不协调，空军也几乎完全被消灭。由于战争初期的胜利，希特勒通知他的工作人员准备转移到位于东普鲁士的新的战地司令部。在那里，他可以指挥战斗，彻底击溃苏联红军。总部的工作人员对这次转移并不惊讶，虽然他们有相当长一段时间要远离家乡，前往遥远的战地总部，但是，希特勒告诉他们，冬天之前，他们就可以返回家乡。没有人知道即将发生什么，也不知道该准备做些什么。

“鹰巢”总部的碉堡，用草席覆盖，作为掩护。“鹰巢”的名字来源于一座海拔400米的山。从这座山上可以俯瞰罗德特村。总部占地30公顷，包括碉堡、防空炮位，以及各种各样的营房。“鹰巢”总共有4个碉堡，占地面积为250平方米，包含2个加固碉堡和3个营房。这些建筑用掉约3000立方米的混凝土。

希特勒在国防军最高统帅部营房的战情室中研究地图。从左到右依次为：约德尔将军，希特勒，陆军少校威利道尔，凯特尔将军。

在一次战场考察中，希特勒乘坐配有装甲护卫的小型6轮装甲奔驰车，向国防军部队敬礼。

希特勒和约德尔在“鹰巢”总部第1安全区内的一条小路上交谈。

希特勒和空军副官普特卡莫在“鹰巢”总部散步。

1940年夏天，希特勒在“狼的幽谷”总部散步，旁边是他的工作人员。

进攻荷兰的德军车队。1940年5月10日，费多尔·冯·伯克将军的B集团军突破了比利时和荷兰边境。这支空前强大的队伍开着车驶过村庄。很多伞兵和滑翔兵在机场、桥梁和加强岗哨着陆，为装甲兵和摩托化步兵开辟通道。

1940年5月，德军Pz.kpfw.II坦克部队开进法国。德军所向披靡，把英法部队逼到英吉利海峡沿岸。

1940年5月，法国某处拥堵的道路。德军的地面部队在法国表现得很高效。德国空军继续攻击选定的目标，大部分是桥梁及敌军集中的地方。

法国军队投降。英法指挥官顽强抵抗，希望两国军队协同作战。然而面对事态的发展，他们无能为力。他们无法在混乱的情况下组织部队。

德国炮兵正在操作口径15厘米的榴弹炮。1940年5月的最后一周，希特勒在总部接到消息，由于不断的空袭和地面轰炸，逃跑的敌军部队几乎被全歼。混乱中，英法防线被突破，两国军队奋力反抗，企图阻止德军入侵。

1940年5月下旬，在法国某处，一个德军突击小队正在过河。在对法战争中，希特勒和他的工作人员有时对闪电般的作战速度以及战争的胜利也迷惑不解。

德军将口径7.5厘米的IG18步兵炮停靠在即将发生战斗的一条道路上。在西部战役期间，德军在兵力以及装甲部队上都优于敌军，因此在人员和物资上损失很小。

一个战场实景。与敌人对抗的武器是口径3.7厘米的PaK反坦克炮。士兵为保护自己挖了很深的坑，避免在露天空地上被敌人的炮弹击中。

图中似乎是党卫军正在操作口径为3.7厘米的PaK反坦克炮。

一辆起火冒烟的英军车辆被遗弃在敦刻尔克的海滩上。虽然敦刻尔克大撤退被英国视为一个奇迹，但它也是军事史上最大的失败之一。

第三章

东线战争

1941年6月23日一早，希特勒命令元首专列“亚美利加”号做好准备，他和随从人员要前往东普鲁士。他还要求最高指挥部的各部队搭乘火车或飞机跟随“亚美利加”，一起出发。

据说这次前往东普鲁士的火车之旅成员十分兴奋并充满信心，但仍有些忧虑。12点以后，“亚美利加”号停在距离总部外围警戒线几百米的市区。一对战地车队正在那里等候，希特勒上了车，向森林方向驶去。在戒备森严的森林深处，屹立着他的新的指挥总部。在这次旅行中，希特勒称东线总部为“狼穴”，据他说，这是他参战时的绰号。

1941年6月24日凌晨1点30分，希特勒一行人抵达总部中心的“狼穴”火车站。黑暗中，不论是希特勒还是他的随从人员，都无法看清这个新建总部的建筑范围到底有多大。即使借助着纵横交错的小路上星星点点的灯光，还是不能看出它真正的规模。这个总部占地约250公顷，建筑面积近15.5万平方米，碉堡以及其他建筑只占4%。所有这一切都隐藏在森林中，许多建筑物被斯图加特的园林绿化公司伪装起来，通过仿真树、伪装网，以及其他绿化方式，达到了良好的隐藏目的。

这是到目前为止希特勒所有总部中规模最大的一个，花费了巨大的人力物力，共雇佣5000名工人修建了这座总部。希特勒抵达“狼穴”的时候，建造工程仍在日夜不间断地进行，工人们夜以继日，试图完成一些重要的项目。自1940年9月开始，工人已经用掉了数千立方米的混凝土，建成了许多满足希特勒及其工作人员、警卫、客人住宿、饮食需要的建筑物，以及警卫部队的营房、通信中心用房、道路、小路、火车站，甚至还有一个飞机场。

直到早晨，希特勒总部的其他人员乘坐飞机到达这里，才看到了“狼穴”的真正规模有多大，戒备有多森严。到访者乘坐汽车抵达这座建筑的第一层外围屏障，称为“第4安全区”。这道外围屏障戒备森严，由元首护卫旅的士兵持枪把守。沿着森林的外围屏障，每隔一段距离就在铁丝网的前面安设了很多MG34机枪、全副伪装的装甲车辆以及坦克，后面是大约2.5平方公里的高架铁丝围栏、碉堡、高射炮和机枪塔，以及其他防御阵地，包括一个小型的雷区，也都布置在总部的周围，对其进行防卫。屏障的外面是大量的混凝土炮位，出于战略考虑，它们被设置在三岔路口处。建筑物周围的火力部署非常密集，大约有30门高射炮、70多挺MG34轻机枪、20门坦克炮、2挺MG34重机枪、4门口径7.5厘米坦克炮。坦克主要是Pz.Kpfw.III和Pz.Kpfw.IV类型，已经全部处于备战状态，部署在屏障的内围及外围。在接下来的施工期，建造了2座高高的地堡，主要用作防空洞，以及元首护卫旅的营房，便于他们在外围使用机枪和反坦克炮作警戒巡逻；同时也为整个总部中希特勒的高炮大队（希特勒防空支队）人员提供营房。在整个“狼穴”内部和周围地区，同时包括其他的一些指挥部，都装有帝国航空部队、地面部队的预警系统，受哥尼斯堡的第1军区司令部的指挥控制。然而，“狼穴”是防御最为严密的地方，由元首空军信号支队及元首护卫旅护卫。

到达这个戒备森严的营地之后，就会发现这里的隐蔽性有多好。来访者通过外围检查站的允许后才能进入总部。进入后，首先看到一条笔直的道路，两旁是高高的松树，继续向前走，就到了第一个内部安全区检查站，被称作第3安全区检查站。在第3安全区检查站和第4安全区警卫区之间是茂密的森林。装甲侦察车队沿着外围的警戒区域进行日常巡逻。在第一个内部检查站，这道警戒是由3个或者4个全副武装的警卫负责，警卫室毗邻电话和无线电通信室。在来访者被允许进入之前，警卫会检查来访者的身份。一旦发现有什么问题，警卫会立即打电话到元首护卫旅指挥部，详细了解来访者的情况后才会允许其进入第3安全区。在第3安全区，警卫沿着森林和主要通道巡逻，这里通向第2安全区。在进入第2安全区之前，来访者再一次接受检查后才被允许通过。几分钟内，就会到达第1安全区检查站，它是整个总部最私密的地方。它位于拉斯滕堡-艾格堡的北部，第2安全区东部的路上。在这里，警卫把守东部和西部的入口，对每个希望进入这个神秘地方的人进行检查。在第1安全区内，希特勒住在这里，并制定入侵苏联的计划。

在所有建筑中，这个司令总部是戒备最森严的地方。对此，建筑工人，包括很多外国劳工感受颇深。一位叫做罗伯特·科瓦勒斯基的波兰劳工，签订了劳动合同，1940年9月至1941年6月之间在司令总部工作。据他说，总部需要修一条通道，可以随时随地进入“狼穴”，同时还需要一个特别的通道，能够进入希特勒的第1安全区，每个人都知道这是一个密道。在进入司令部以后，劳工不允许随便乱走，从一个地方到另一个地方，都由元首护卫旅或帝国保安车队监视。所有建筑用工具和设备都要经过检查、登记，通常是由帝国保安部的工作人员负责。工人时刻都接受警卫的监视，有时候在现场也要接受检查，进出时还要检查，而且工具和贵重物品要再次接受检查。如果一个工人被发现走到了另外一个地方，就会被拘捕、审问，而后，工头或者让他回去继续工作，或者解雇他，监视并护送其离开总部。在很多地区，如果工人被发现离开了这条路，或者在森林里散步，会被认为是很危险的举动，当时即有一个格杀勿论的政策。

希特勒刚刚抵达他的新的东线总部，就直接去工作，希望尽快完成进攻苏联的伟大任务。在防护网下面，在钢筋水泥的碉堡里，工作人员忙碌不堪。各式各样的房子被用作会议室、食堂以及行政办公室。这里的军事人员密切监视“巴巴罗萨行动”的战况，因为装甲先遣部队已经取得了突破性的进展。为了这次进攻苏联的重要计划，德国将部队划分为3个集团军，并且将在波兰和法国取得胜利的装甲部队与步兵脱离，组成4个独立的小队，由久经沙场的指挥官古德里安、霍斯、赫普纳、克莱斯特指挥，他们有3个作战目标：列宁格勒、莫斯科和乌克兰。作战计划是，先由装甲部队作为先锋粉碎苏军的进攻，步兵和炮兵紧随其后，逼其投降。很明显，从入侵战争一开始，德军无论如何是不想陷入激烈的城市战的。由于德军的绝对优势，红军很快就会被包围，并被击败。这又是一场闪电战，规模更加巨大。在几天的进攻中，德军先锋部队已经沿着苏联边境粉碎了苏军的编队，逼其投降。7月中旬，德军在列宁格勒周围茂密的树丛和沼泽地中再次给苏军以沉重的打击。

1941年8月和9月期间，进一步的战况令希特勒的总部十分振奋。希特勒对战争充满信心，于是命令中央集团军发动莫斯科战役，行动代号为“台风”，在1941年9月28日爆发。

因为对“台风”行动充满信心，希特勒和工作人员在10月3日离开总部，长途跋涉回到柏林。24小时候后，“亚美利加”专列载着他们回到东普鲁士的指挥部。

第二天，希特勒回到总部，想尽快了解战争的进展情况。整个10月，越来越多的战报证实，为了应对德军对莫斯科的进攻，苏军构建了强大的防线。在日常的作战会议上，将军们试图尽自己最大的努力不显露出任何失败的迹象，而表现得极其乐观。然而，时间一天天过去，却不断收到令人愈加沮丧的消息。在战火纷飞的前线，苏联人在众多地区投入了数百万计榴弹。数以百计的新型车载火箭发射器隐藏在厚重的伪装下投入使用，向精疲力尽、过度扩张的德军战线发射数千枚炮弹。

在日常作战会议上，希特勒和工作人员不得不听取一系列战报，其证实伯克的中央集团军遭到了不寻常的冬季气候的袭击，受到重挫。苏联农村的道路已经变成泥潭，事实上，战场很难通过。1941年11月1日，“狼穴”迎来了它的第一场雪，整个总部被大雪覆盖。希特勒的女秘书喜欢下雪，因为大雪的到来，使枯燥的环境变得有生机，然而希特勒和他的工作人员认为这是个极其值得关注的问题。天气状况阻止了军事行动，而且部队士兵也难以忍受极低的温度。德国士兵对苏联冬天的来临完全没有准备。冬季服装的缺乏引起战士的普遍担心，因为他们知道真正给他们造成麻烦的是苏联的冬天，而不是苏军。

整个11月，希特勒都待在总部的碉堡里。除了参加作战会议以外，他大部分时间都在思考莫斯科的战争。会议期间，对于莫斯科的战争，他不顾反对意见，指出要不惜一切代价守住防线，与恶劣的气候作斗争。由于军事形势不断恶化，希特勒开始与他的军官争吵不休。

当东线的战争因为气候条件暂时停滞时，希特勒在1941年12月8日对他的随从说，他不得不忍痛离开总部，前往柏林去处理重要的事务。登上专列后，希特勒看起来很平静，一副一直在思考的样子。由于军事局势进一步恶化，整个总部都处于沮丧的情绪下。就在几天前，军需部长弗里茨·托特从不断延伸的前线回来，他告诉希特勒，鉴于经济实力强大的敌人，他再也看不到德国如何能在军事上赢得这场战争。12月6日，希特勒秘密地告诉约德尔，德军再也无法取得战争的胜利。然而，尽管对苏联战争的形势出现逆转，希特勒仍然显示了他钢铁一般的决心。他告诉他的军官要坚持住，站稳立场，直至春天冰雪融化的时候，再对苏联发起进攻。希特勒坚决不允许撤退，不管军官的请求有多迫切。

1941年12月15日，在希特勒赶回“狼穴”的途中，他起草了第一道东线停战命令，令他的很多军官惊愕不已。随后的会议上，希特勒和他的指挥官之间产生了严重的分歧，争论不止，最终在12月19日，希特勒解除了布劳希奇将军的指挥权，因为他坚决反对任何停战命令。随后，希特勒向思想混乱的作战人员宣布，他将亲自指挥东线的军队参加战斗。在与凯特尔将军的一次会议中，希特勒告诉他说，他认为对胜利造成威胁的主要因素就是他的军官不断请求撤退。出于这个原因，他坦言，他敢于冒险离开他的总部，但他担心失败主义的思想会蔓延到各个军事部门。于是，他不得不表现得残忍，解雇他最亲近的军官。伯克第一个被解职，因为有一段时间伯克一再要求撤退，令希特勒很担心，伯克最终激怒了希特勒，他在12月的最后一周解除了伯克的指挥权，伯克的职位立即由元帅冯·克鲁格取代。

尽管伯克被替代，但在元旦前夕，陆军元帅冯·克鲁格开始致电总部，申请小规模的撤退，希特勒断然拒绝。那天晚上，晚餐供应得比较晚。后来希特勒很快就睡着了，因为当天的活动令他精疲力尽。1941年的最后几分钟，他的工作人员静静地聚在一起，等待希特勒的出现。自下午11点半开始，希特勒一直与克鲁格通电话，克鲁格请求授权，撤出部队。3个小时里，希特勒都在与他的陆军元帅争论不休。希特勒明确告诉他要坚守，决不可撤退。直到深夜两点半，希特勒才出现在茶馆，问候他最亲密的工作人员。

尽管在莫斯科前线经历了创伤性事件，但是当听到苏联红军已经减缓进攻速度，并无法进一步深入德军战线的消息时，希特勒感觉如释重负。毫无疑问，这挽救了伯克的中央集团军，使它免于全军覆没。虽然希特勒后来说，莫斯科之战是德军最辉煌的时刻，但事实上由于受到苏联冬季气候的打击以及苏军的顽强抵抗，德军已经无法占领苏联城市。伯克的部队在莫斯科战场上失利主要是由于苏联部队迅速地恢复作战能力，以及冬天恶劣气候对德军的打击。战争形势已经逆转，德军在1941年6月的辉煌一去不复返。尽管希特勒在作战会议上表现得很乐观，但是连他自己也无法掩饰，击败苏联红军是一项艰巨的任务。在进餐时间，希特勒表现得紧张和不安，因为自他接管部队以来，大量棘手的工作突然来袭。与他在一起工作的人看到了他逐渐变化的性情和表情。

1942年2月10日，希特勒离开“狼穴”，回到柏林，在帝国总理府住下来。5天后，当他回到东普鲁士时，性情发生了很大的变化，他似乎很焦躁、痛苦不堪。前往“狼穴”的来访者看到了一个疲惫不堪、落败的希特勒。在他的亲信面前，他不断谈到东线的冬天危机，很敌视布劳希奇和伯克的部队，因为希特勒指责他们几乎摧毁了整个“巴巴罗萨”军事行动。然而，同时他长叹一声，宣布1942年3月会是反对布尔什维克战争的新的开始。希特勒指出，春天是军队所有希望最为关键的时刻，1942年会看到他的部队取得胜利。

随着“狼穴”天气慢慢变化，在日常作战会议上，希特勒对未来几周和几个月的战争表现得很自信。由于希特勒的健康状况进一步改善，经常可以看到他沿着小径散步。在许多场合，他与他的工作人员聊闲话，甚至停下来跟建筑工人聊天，建筑工人仍然每天在第1安全区负责内部建筑的修建工作。整个1942年3月份，德国军队慢慢恢复元气，这也使希特勒的身体状况得以改善。到月底，春天来临，冰雪融化，淤泥又阻止了军事行动，于是双方停战。

1942年3月28日，自信的希特勒利用军队休整间隔，举行了3个小时的作战会议。他向他的亲信们展示了1942年夏季作战的首战计划。一个新的夏季攻势即将开始，旨在占领沃罗涅日。希特勒对这个新的夏季攻势的前景兴奋不已，他告诉他的信徒，他的军队将沿着顿河到斯大林格勒，向西南方向挺进。

在希特勒的战争工作人员忙于南部夏季攻势的准备工作时，4月24日，希特勒离开东普鲁士，乘专列前往巴伐利亚，里宾特洛甫的专列紧跟其后。希特勒在伯格霍夫的日子并不轻松，因为在离开德国之前，他要为在国会发表重要的演讲做准备。

在伯格霍夫，希特勒不断得到有关东线的最新消息。战报证实，冯·曼施坦因的第11集团军准备在克里米亚进行一次全面进攻。当希特勒回到“狼穴”的时候，每日的战报令与会人员紧张不已。随着曼施坦因部队进攻期限的临近，希特勒和与会军官们的情绪愈发高涨。1942年5月8日，曼施坦因部队发起了最后的进攻，空军、陆军、装甲兵团齐上阵，场面空前，进攻很顺利。至15日，苏军17000人投降。3天后，第二轮攻击代号为“弗里德里库斯”，由克莱斯特指挥的第6集团军作为先锋部队，前往哈尔科夫东部的伊久姆桥头堡。但是当克莱斯特的军队到达阵地以后，红军突然发动了一次令人震惊的袭击，数以千计的坦克和军队进入哈尔科夫。在“狼穴”，希特勒和他的工作人员完全陷入困惑中，因为伯克打电话请求取消“弗里德里库斯”计划，保住哈尔科夫。希特勒严厉地回答说，“弗里德里库斯行动”按计划进行，各军官要抓住机会，勇敢向前。

连续5天，希特勒一直在反复思量南部战役的进展，他坚信，苏军一定会在哈尔科夫被消灭。到5月22日，坚定的理想变为现实。消息传到总部，克莱斯特已经成功地与第6集团军会合，并包围了苏军。这次胜利抓获俘虏239000人，缴获或者焚毁1200辆坦克。在工作人员的面前，希特勒对能够占领哈尔科夫表示惊叹，他的心情很好，热血沸腾。

在南部胜利的推动下，希特勒又举行了一次作战会议，讨论他的下一个作战计划。“蓝色行动”就是在这次会议中讨论的，希特勒说，沿顿河和伏尔加河，红军将遭受有史以来最严重的重创。

当工作人员正为“蓝色行动”作准备的时候，希特勒私下对部下说，他要返回柏林。5月30日，专列载着他回到“狼穴”，继续讨论他的夏季进攻计划。

1个月后，1942年6月28日，“蓝色行动”爆发。凯特尔和约德尔看见希特勒此时充满活力、健谈、信心十足。在当天晚上的会议室中，希特勒接到战报，沿着沃罗涅日，匈牙利军队向东推进，展现了强大的意志和决心来抵制苏军。6月30日，保罗斯将军的第6集团军已开始沿着顿河，全力向南开进。虽然攻势进展得很顺利，但是征战沃罗涅日需要投入大批的装甲部队。几个小时内，希特勒和他的军官讨论减少用于城市作战的部队的可能性。凯特尔建议希特勒命令伯克不要去占领城市。

7月3日，希特勒坐了三四个小时的飞机，前往波尔塔瓦市。由数十架护航机、数百门高射炮一路保驾护航。次日早上7点抵达，他不满陆军元帅，因此与他大吵一顿。在激烈的争论中，希特勒最终允许伯克占领沃罗涅日市，只要他能将伤亡降低到最小，只要他的军队不被卷入旷日持久的城市战斗中。希特勒清楚，他不能再奢望占领莫斯科和列宁格勒了。

当天晚些时候，希特勒飞回东普鲁士，不耐烦地看着沃罗涅日周围的战事行动。7月6日，该城市沦陷，但随后伯克的2个装甲师意外地卷入苏军激烈的反击战中。2天里，战斗异常激烈，直到装甲师能够从沃罗涅日撤出，一路向南，用掉了所有的燃料。伯克的军事战术是试图占领城市，但是造成的后果使希特勒异常愤怒，导致他立即解除了伯克的指挥权。

总部警卫在列队接受检阅。1941年4月20日，在默尼希基兴，总部工作人员在专列外面，准备向希特勒祝贺生日。

1941年4月20日，在默尼希基兴，总部警卫在希特勒生日当天列队游行庆祝。

1941年4月12日至25日，在希特勒停留默尼希基兴期间，空军小分队前去协助保卫元首的专列。

在部队和摩托车队前进的这条路上，显然经历了一场激烈的战斗。对于这些在东线战斗的士兵来说，与苏军作战总是残酷的。在很多地方，双方都是殊死搏斗，伤亡惨重。

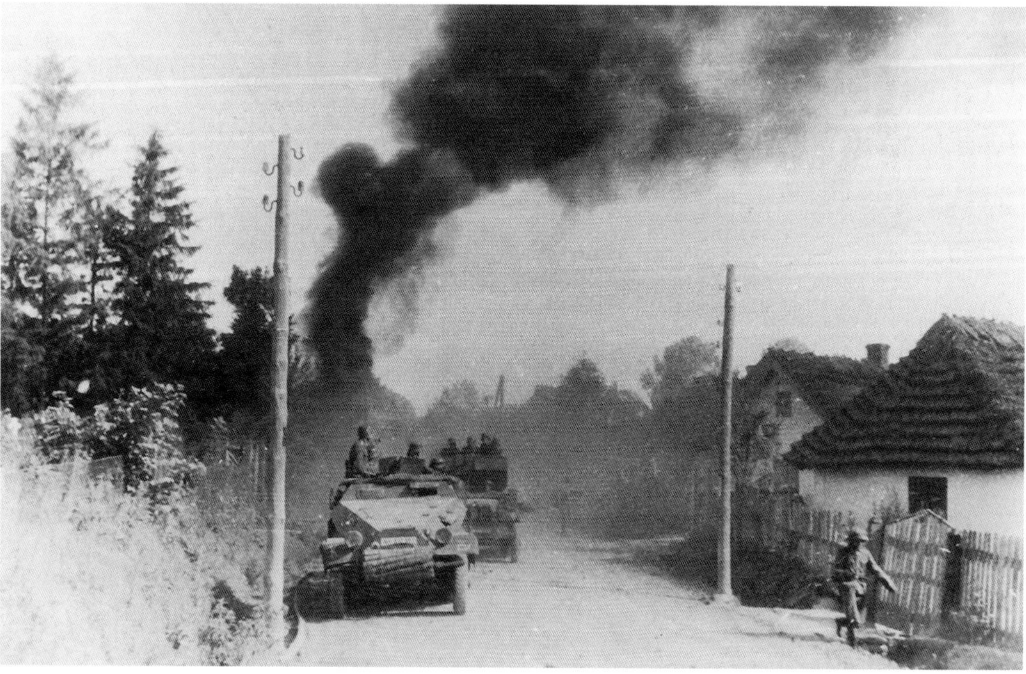

一辆Sd.Kfz.251半履带轻型装甲车沿着一条遭到战争重创的道路，引领着其他装甲车辆和部队前行。至1942年，东线战争已经变成希特勒所称的“歼灭战”。

1941年6月下旬，希特勒在军官的指引下参观他在东线的作战指挥总部。总部占地约250公顷，建筑面积近15.5万平方米，碉堡和其他建筑物只占4%。所有这一切都被隐藏在格尔利茨森林里，许多建筑物被斯图加特的园林绿化公司通过仿真树、伪装网和其他绿化方式掩藏起来。

1941年6月，为希特勒服务的位于“狼穴”总部的餐厅。

“狼穴”总部的电传打字机办公室。

1941年6月，希特勒在“狼穴”总部的私人办公室。

“狼穴”总部的电报室工作内景。

“狼穴”总部的厨房内景。

“狼穴”总部的收发室内景。

在值班室的一位党卫军士官。

“狼穴”总部一个典型的办公室内景。注意：所有设施都是木质的。

“狼穴”总部内，一间小木屋的室内走廊内景。

“狼穴”总部的一间桑拿室内景。

1941年8月，墨索里尼在希特勒和戈林的陪同下，访问“狼穴”总部。

长长的车队中，希特勒和墨索里尼坐在打头的车里。党卫军警卫旗队在路旁列队欢迎。

1941年8月，希特勒访问东线战场。希特勒微笑着，国防军士兵们也因为对苏战争的胜利而高兴。希特勒告诉他们，胜利很快就会属于他们。

希特勒在“狼穴”总部的地图室与军官们开会。照片拍摄于1941年10月。越来越多的报告证实，苏联人在构建强大的防御工事，用以应对德军对莫斯科发起的攻击。

1941年8月下旬，在墨索里尼访问期间，希特勒和墨索里尼在“狼穴”火车站视察。这时，希特勒公开向他的意大利盟友坦白，侵占苏联的战争首先要打开莫斯科的大门。

在东线战争初期，一辆Pz.Kpfw.II坦克行驶在前线。

党卫军炮兵正在向苏军阵地发射榴弹炮。至1941年7月，德军的北方、中央、南方集团军已经强行穿过幅员辽阔的苏联，在各条战线上都取得了重大的胜利。在中央集团军中，国防军和党卫军部队都由第2和第3装甲军作为先锋，他们穿过白俄罗斯，几乎要到达斯摩棱斯克，这是一座位于华沙—莫斯科公路上的城市。

在令人兴奋的开赴东线战场的途中，党卫军在一处空地上休息。

1941年9月，在基辅战役以后，苏联的战俘被送到后方。这三张图片反映了当时德军押送苏军战俘的情况。随着基辅被占领，德军现在处在一个很好的位置，可以借机占领具有重要战略意义的产油地区高加索山脉、顿涅茨克盆地及其工业区。但是，在工作人员面前，希特勒已经制定了对莫斯科继续进行军事行动的计划。他告诉将军们，在今年年底，苏联会惊讶于这样一个大胆的计划的。

在代号为“台风行动”的袭击莫斯科的战斗中，德军将一个受伤的士兵送到战地包扎所。1941年9月30日凌晨，总部接到消息，第一阶段的“台风行动”已经开始。海因茨·古德里安的装甲军团由北向东推进到奥廖尔。他将从布良斯克州的后面直插到北部。两天后，也就是10月2日，德军其他集团军继续前进。

莫斯科战役中使用口径7.5厘米的I.IG18的炮手。在1941年10月7日中午的作战会议上，紧张的空气笼罩着总部，因为伯克的部队在维亚济马陷入巨大的包围圈。然而，时间一天天过去，德军不断收到更令人沮丧的消息。在硝烟弥漫的前线，苏联在广大区域使用数以万计的烈性炮弹。数以百计的新型车载火箭发射器隐藏在厚重的伪装下，准备向精疲力尽、损耗过度的德军发射数千枚炮弹。

1941年冬天，东线战场上，一门15厘米口径的s.IG33大炮被投入使用。在近乎极地气候条件下，整个中心战线在大雪中瓦解。在很多地区，有证据表明，暴风雪使得德军士兵不愿意从避难所出来参加战斗。数百辆坦克被遗弃在风雪中，士兵慌乱撤退。

1941年冬末，德国国防军部队路过一辆闲置的Pz.Kpfw.III坦克。在“狼穴”总部，德国最高统帅部处在恐慌中，因为德军在苏联难以忍受严寒的折磨。虽然希特勒说，他已经在年底前稳定了局势，但是伤亡已经产生。1941年，德国国防军攻占莫斯科失利，这一结果导致了三年半以后德军最终的溃败。

大雪中，一名士兵穿着可两面穿的冬装，用6×30战地望远镜望着远方。他站在MG34机枪旁边，机枪架在高射炮的三脚架上。

第四章

毁灭之路

随着伯克被解职，希特勒及其工作人员准备由“狼穴”转移到位于乌克兰的一个新建总部。1942年7月16日上午8点15分，全体工作人员离开“狼穴”，搭乘16架飞机，前往新的指挥部。它位于文尼察以北6英里，文尼察—日托米尔路的东部。元首护卫旅的第1步枪连，后面紧随着第4、第5重装甲连，604高射炮团，还包括8支部队，他们先于希特勒到达乌克兰总部。中午时分，希特勒抵达，受到了热烈的欢迎。首先映入眼帘的是一排木质的房子，这与钢筋混凝土制造的“狼穴”截然不同。这个地方被称作“橡树林军营”，但是希特勒到了之后，将其更名为“狼人”。修建这座占地19公顷的建筑耗资巨大。这里遍布19座碉堡以及为纳粹德国空军和帝国劳动军团建造的木屋，里面住着总部工作人员和警卫人员。其他建筑中还包括一个通信中心，以及供希特勒私人副官、国防军副官、凯特尔和约德尔及其他将军、陆军参谋长马丁·鲍曼、秘书、速记员、宾客、随员、勤务兵和警卫居住的临时营房，甚至还有茶馆、电影院、游泳池、洗浴桑拿室和理发室。同时还建了3个防空碉堡。与其他司令部非常不同的是，此处的元首护卫旅营地还建有大规模的地下邮政网络。

有一座变电站为这里提供用电。3台柴油发电机被放在一所专门建造的房子里，如果供电出现故障，那么它立刻会被派上用场，用于应急。这里大部分都覆盖着为变电站和发电机提供服务的高架电线和接地电缆。有一口深达120米深的水井为这里供水。消防用水来自布格河，将水抽上来后存入一个大水箱。污水被排入一个特殊的净化装置内，然后通过几英里长的管子和排水沟排入布格河。

乌克兰总部的建造开始于1941年11月，当时有8000名托特组织的工人，会同1000名苏联人参与了一期工程的建设。施工完成后，总部看上去还是很不错的。但是希特勒和他的工作人员非常憎恨这里。希特勒还没等来到乌克兰，享受这儿的环境，就被迫指挥德军攻打南部的红军去了。为了指挥作战，陆军总部的部分成员也从森林总部来到乌克兰，住在小镇边缘的文尼察。“狼人”总部的第1、第2安全区就在一片开阔林地里，彼此相隔几百米。

在接下来的3个月里，希特勒和工作人员被迫住在乌克兰。每天晚上，大家都被迫吞下防疟疾药片。夜间，小木屋里非常冷，而白天又闷又热。据说热气令人窒息，每个人都渴望雨后的凉爽天气。在这座新的作战指挥部里，希特勒期望看到夏季防御战慢慢展开。他乐观地认为，他的部队将很快占领斯大林格勒。

整个7月的天气都令人透不过气来。希特勒很快就开始头痛，而这又很明显地影响了他与其他人的关系。他不断与人争执，情绪恶化，经常责备他的将军。这样的情况在未来几周达到了白热化地步。

7月下旬，希特勒的大部分时间都用于部署在苏联南部的兵力。在7月17日举行的一次会议上，希特勒得到消息称，保罗斯的两支部队已经进入位于齐尔河上游的波布威斯卡亚小镇。之后希特勒立即将第6军派遣至顿河，以阻止敌军在伏尔加河以西建立防御工事。几天后，保罗斯接到希特勒另一个命令，要求其带领第6军前往斯大林格勒，通过快速出击占领那里。然而，保罗斯并没有足够的后援。他的部队已经连续行军近两周，疲惫不堪。尽管如此，他还是下决心，尽最大努力将苏军第62和64军赶出他的防线。

在1942年8月，希特勒一直以乐观的心态静观其变，因为位于顿河的德军已经蓄势待发，准备直击伏尔加河西岸。前往伏尔加河的这段行程几乎没有受到苏军的任何阻拦。8月23日下午4点左右，有报告确认，德军第1支队伍已经到达伏尔加河河畔的斯大林格勒北部。接下来可以进攻该城市了。

虽然德军在斯大林格勒以及周围地区面临的阻力不断增大，但是希特勒看起来仍然很乐观。炎热的天气，再加上他与将军的关系空前紧张，使得他的健康状况再次恶化。逐渐地，在接下来的时间里，希特勒开始让自己相信，德军在东线所有问题的恶化都根源于他的将军。希特勒总是冲凯特尔将军发火。希特勒考虑在凯特尔占领斯大林格勒之后，由保罗斯将军代替凯特尔。他也多次表达过解职哈尔德的意思，因为哈尔德在总参谋部成员当中最让他恼火。里斯特是另一名他不能容忍的将军。8月期间，他变得更加烦躁不安，通知哈尔德立即解除里斯特的职务，这样他可以自己亲自指挥高加索地区的A军团。

到了9月，他对军官们的疑心更加严重，在与约德尔将军发生一次激烈的争吵后，他决定，在会议上所有人对他的命令一律不得有任何争议或者歪曲。从那以后，所有的简短会议都要在他的那间木屋举行。一队国会速记员立刻从柏林飞往文尼察镇，以便记录希特勒在会议上所说的每句话。

尽管希特勒坚称作战会议上的每个字都要记录下来，但是这也没有阻止总参谋部内部的争吵。在几个小时里，希特勒不断指责军官们在东线的战斗停滞不前，经常慷慨激昂地发表长篇大论，指责哈尔德应该对军事失利负责。9月17日，在另外一次激烈的争论中，他最后说，他再也无法忍受哈尔德，决定解除他的指挥权。一个星期以后，哈尔德被47岁的库尔特·蔡茨勒将军取代。库尔特于9月23日抵达“狼人”总部，在晚间作战会议上，他会见了希特勒。之后，希特勒向凯特尔解释了解职哈尔德的原由，并坚定地告诉他说，自己解除了哈尔德的职务，就消除了自己在最高指挥部的最后一个障碍。而现在这位拥有纳粹主义精神的新的作战指挥官，将为精疲力尽的德军注入新鲜的血液。

在确认找到了正确的指挥官以后，希特勒在9月27日离开“狼人”指挥部，前往柏林，进行另外一场演讲。几天后，他回到乌克兰，继续着和以往一样的日常工作。但是在作战会议上，工作人员发现，会议的气氛很和谐。与对哈尔德不同，大家对蔡茨勒十分友好，连约德尔都再一次受到了欢迎。在这两个人的协调下，大家努力工作，使他们在东线以及西部战区的日常军事行动都能够令元首满意。蔡茨勒被认为是希特勒最杰出的战术顾问，其有效地控制了东部战区，而约德尔也对西部战区中欧洲的海岸防线以及其他防御行动发表了建议。但是他们在作战会议上的表现截然不同。与约德尔不同，蔡茨勒意志坚强，不会心甘情愿地接受希特勒的指责。新的指挥官拥有钢铁般的意志，这使他在总部的地位牢不可摧。

到1942年10月中旬，“狼人”司令部所在地区的天气状况变得更加恶劣。冻雨过后，就要下雪。这使希特勒被迫宣布他打算离开乌克兰，回到东普鲁士。11月1日，总部全体人员回到“狼穴”。当他们回到那里的时候，发现新的建筑已经建成。以前许多木质的建筑，现在在外面砌上了砖墙，天花板由混凝土加固，这样可以保护他们免受敌人炸弹的袭击。一些地方需要特别的保护，如海军联络办公室、副官的食堂、约德尔将军的办公室、戈林的办公室、电影院、通往希特勒房间的木质建筑、凯特尔的房间，以及军队人员的办公室等。一旦用钢筋水泥加固这些建筑，外面就会用油漆、树枝、铁丝网来加以掩饰，目的是逃过敌人的空中侦察机。据一位名叫皮特的波兰工人说，一些新建筑的天花板都用钢筋水泥加固，有2米厚。

其他工程分别是：为军官建造的桑拿室，在赌场旁边新建的一间茶馆，一间客房，一些营房，党卫军司令部的房子，以及帝国保安队军官的房子。为速记员也建造了房子，周围用铁丝网将它围住。

希特勒和工作人员在东普鲁士安顿下来后，立即投入日常的工作中。大部分作战会议都在谈论斯大林格勒战役。已经有成千上万的德国士兵在进攻该城市的过程中被杀害或受伤。虽然希特勒在他的工作人员面前，显得自信如初，但也担心战争不会像最初预计的那样很快结束。接下来几天里，第6军的士兵慢慢地被拖入一场规模巨大的持久战之中。所有街道、马路、房子里面和工厂中，都可以看到苏军在坚决抵抗，直至弹尽的决心。即使他们发现自己被困在一座碎石堆积的孤岛上，仍顽强抵抗，拒绝投降。因为苏军意志坚定，抵抗到底，德军要花几天时间清理街道。虽然到1942年9月下旬，双方都被持续的斗争拖得精疲力尽，但是德军几近控制了城市的南部。

整个10月，德军总部一直认为德军被卷入了一场旷日持久的城市包围战中。战报确认，部队已经推进到市区，继续着坚持不懈的战斗。在碎石、钢厂、残破烧毁的木制房屋、地下室、下水道、沟渠、战壕和山洞中，都可以看到德军奋战求生的身影。

11月期间，战争愈演愈烈，总部的气氛比以往更加沮丧。事实上，希特勒大部分时间都在为争取斯大林格勒战役的胜利而努力。由于压力和疲倦，使他变得疲惫不堪，常常拖着沉重的身躯来到会议室，全神贯注地倾听汇报，看战况是否已经稳定到他所期望的程度。

到1942年圣诞节前夕，战况仍很暗淡，不容乐观。因为保罗斯军队的进攻被切断，在斯大林格勒被包围。希特勒不再开玩笑，脸上也没有了微笑，大部分时间都在讨论第6集团军在斯大林格勒溃败的可能性。会议期间，希特勒几乎毫无礼貌，情绪一天比一天激动。这种与日俱增的焦虑导致他与指挥军官争论不休。

在“狼穴”过的圣诞节没有一点欢乐的气氛，连希特勒最亲近的人也不能把他带出忧郁的境地。虽然指挥官继续向他施压，希望他下令让第6军突围，但是希特勒却坚信，保罗斯的部队在坚固的堡垒中是安全的，能够坚持到1943年的春天。他命令戈林将军增加空中配给，每天至少300吨。他认为这些足以使第6军生存下去。但是战况远比希特勒想象的要糟糕。他的第6军在食物供给上逐渐不足，整个部队几乎快要饿死。战场上遍地都是死尸，剩下继续战斗的也快到了死亡的边缘。

1943年的第一天与1942年一样令人痛苦，因为德军在整个东部战线面临着大灾难。在南部，德国及其盟国在6个月前已经为胜利准备好了鲜花，但是他们现在变得一天比一天虚弱。遭受巨大损失的德国发现，几乎完好无损的匈牙利军队正沿着顿河向前延伸，它可能是轴心国中唯一能够阻止苏军进攻的国家了。沿着不断延伸的防线，德国为匈牙利提供了尽可能多的装备。

在会议室中，希特勒坐在那里，他听到的没有别的，只有一系列问题，因为德军在斯大林格勒的局势已经进入关键时刻。当德军总部还在为第6军的突围方式而争论不休的时候，苏联军队正在准备对被围困的德军再次发起进攻，并将德军一举歼灭。

1943年1月10日早饭时间，“狼穴”总部收到情报说，在斯大林格勒内部，苏军沿着南部和西部对被围困的德军再次发起进攻。因为遭到攻击，导致德军和其同盟军的残余部队都遭受巨大伤亡。希特勒对凯特尔说，毫无疑问，空军的灾难即将到来。但是他仍顽固地拒绝保罗斯的军队突围。

随着城市被摧毁，战争最后一段痛苦的日子终于到来了。1月30日，保罗斯被希特勒提拔为陆军元帅，所有人都清楚，这个官衔的军官从未投降过。在总参谋部人员面前，希特勒告诉大家说，他终于找到了一个勇敢的绅士，他能够战斗到弹尽时刻，绝不会向苏联投降。

但是，苏军逐渐逼近保罗斯的指挥部。1943年1月31日，早上6点15分，报务员在保罗斯总部发出一个令人崩溃的消息称，苏联人就在门口了。几分钟后，德国军官从指挥所爬出来，向逼近的苏军挥舞着白旗。保罗斯最终投降。

两天后，在2月2日上午8点40分，斯大林格勒最后一个阵地上的德军部队投降。斯特雷克尔将军已经顽强抵抗了很多天，但也无力回天。斯特雷克尔部队中饥饿、疲惫的士兵被驱赶着，穿过雪地，被囚禁起来，苏联为胜利欢呼雀跃。最旷日持久、最血腥的斯大林格勒战役，终于戛然而止。

斯大林格勒战役战败后，“狼穴”总部的气氛完全改变了。希特勒也变得忧郁，任何人，甚至他最信任的女秘书都不能把他从绝望中拉出来。1943年2月和3月期间拜访总部的人发现，工作人员变得很沮丧，对未来的几个月充满了担心。即使那些参加军事会议的人也发现，气氛比以往任何时候都要更加悲凉。希特勒经常用冰冷的眼神回应其军官，然后低声示意凯特尔或者约德尔继续开会。有一段时间没有见过希特勒的海因茨·古德里安将军，不仅被他在总部的悲观情绪所震惊，同时希特勒的外表也令他很吃惊。在海因茨·古德里安看来，希特勒的身体和精神状态都有明显的改变。在军事简报中，他注意到，只要希特勒的参谋官提出建议，希特勒就会变得令人反感。一旦发生争论，他就会踉踉跄跄地站起来，滥用职权，侮辱那位参谋官。

一旦会议结束，他就会回到自己那间空气不流通的房间，坐在那里沉思。但是与他最亲密的人在一起的时候，他一反常态，交谈中尽管表现得冷淡迟疑，但从不发脾气。出于这个原因，希特勒不再邀请别人共同进餐，宁愿独自一人用餐，或与他的秘书一起进餐，但也严禁她们提起战事。

尽管斯大林格勒战役战败，但是希特勒仍痴迷于在东方获取军事行动的主动权。1943年2月初，南方集团军竭力守住不断撤退的防线，但许多部队已经跨过乌克兰南部，慌忙撤退。在苏联南部不断后退的防线令希特勒焦躁不安。2月16日，在晚间作战会议上，他宣布，决定前往前线，接管南方集团军的指挥权。与他同行的分别是约德尔、蔡茨勒、施蒙特、朱厄尔以及莫雷尔。第二天一大早，希特勒的车队离开“狼穴”，前往拉斯滕堡机场，开始了前往南部曼施坦因总部的长途飞行。

希特勒在曼施坦因的总部只停留了几天，从那里他又前往乌克兰的“狼人”总部，目的是监督苏联南部的军事行动。接下来的4个星期里，希特勒每天举行会议，几乎都讨论的唯一一个话题，就是让曼施坦因面对敌军的绝对优势，拼死守住阵地。在2月的最后两周里，德军顽强防守，因此苏军只在库尔斯克以西取得了一点战绩，在奥廖尔没有取得一点战果。然而，尽管德国的军力有所恢复，但是希特勒和曼施坦因都充分认识到，冬季战争已经使德军在顿河遭受重创，但尚未完全溃败。有些装甲部队有足够的实力去发起一些反攻；曼施坦因部队在配备“虎式”新型坦克的党卫军装甲部队的协助下，实力增强，也可以发起反攻。2月20日，曼施坦因从波尔塔瓦打回哈尔科夫，在顿涅茨河和第聂伯河之间赢得了主动权。

几个星期后，有消息称，曼施坦因终于收回了苏联南部的阵地。希特勒决定于1943年3月13日离开“狼人”总部，返回东普鲁士。他当晚回到“狼穴”总部，在此之前视察了位于斯摩棱斯克的克鲁格将军的中央集团军。希特勒获悉，中央集团军的局势相对稳定。

基于中部和南部战线已经基本稳定，希特勒满怀信心地飞回“狼穴”总部。回到总部后，他接到了更多的好消息，约瑟夫·迪特里希的党卫军编队已经光荣地收回哈尔科夫。希特勒第一次变得如此兴奋，他立刻打电话给戈培尔，要求他向全国播出这则好消息，但这位宣传部长婉转地回绝，认为最好再等一等。

希特勒在东普鲁士总部只待了一周，而后乘专列前往巴伐利亚，如今这里的总部代号改为“勃兰登堡”。在途中，他时不时地停下来，接收电话讯息。希特勒决定伸伸腿休息一下，牵着他的狗出去散步。然后乘火车再次离开。第二天早上，他乘专列驶入波美拉尼亚的达尔沃沃，视察了克虏伯的新型巨炮“龙古斯塔夫”。

到了下午，希特勒回到柏林。3月22日又乘专列离开柏林，前往南部的慕尼黑。就在这里，希特勒的情妇爱娃·布劳恩登上了火车，加入了前往贝希特斯加登的短途旅行。

到达伯格霍夫以后，希特勒立即投入日常事务。中午的作战会议一般会持续很久，通常到下午4点，他再与客人一起去吃晚餐。伯格霍夫的气氛与其他军事总部截然不同，在这里他可以把自己当成欢快的主人，客人的满意让他无比高兴。在晚上，希特勒经常侃侃而谈，后来他的副官来了，悄悄地告诉他，所有人都已经抵达，准备开晚间军事会议了。考虑到宾客，尤其是女士们会接触到军事秘密甚为不妥，因此他礼貌地让她们留在座位上。他和他的指挥官对宾客没有说一句关于战争的事情，但是很多人都看得出来，他对未来很乐观，充满信心。

几个月以来，他第一次表现出对东部战线日益增大的野心，准备发动更大规模的进攻。在伯格霍夫，他开始酝酿这些行动。希特勒新的进攻计划就是一次赌博。但是他确信，他能够重拾战争早期的胜利，对苏军进行毁灭性的打击。在库尔斯克，希特勒面临着极其诱人的战略机遇。这个重要的战略要冲，大约120英里宽，75英里深。几个星期以来，他与军官们商量，能否集结足够的装甲军和步兵，从这一地区的北部和南部发起钳形攻势，围攻红军。在希特勒看来，这将成为在东线取得的最大一次装甲作战的胜利，包括大规模的装甲兵，以及装甲兵中拥有最精良装备的作战部队——武装党卫队。

1943年4月21日，蔡茨勒乘专机前往贝希特斯加登，目的是劝说希特勒不要放弃一个被称为“六号指令”的攻击计划。几天后，第9军的指挥官莫德尔将军抵达伯格霍夫。在两个小时的会议中，他向希特勒展示了航拍照片，证明苏军已经建立了强有力的防线，其中一些防线固若金汤。希特勒决定取消进攻，在5月5日之前进行代号为“城堡”的行动。4月29日，他再次将进攻推迟到5月9日，目的是为前往前线的后援部队赢得更多的时间，包括“黑豹”坦克部队。几天后，古德里安将军抵达伯格霍夫，他询问希特勒为什么要在1943年对东线发起新一轮的进攻。希特勒回复他说，他的确也怀疑自己，也为这个问题感到很焦虑，但他不想一整年都处于防守状态。古德里安说，在“城堡”行动爆发以前，他需要更多的时间来为前线提供额外的装甲装备，因此至少需要推迟6周才能赢得足够的时间。希特勒同意了他的建议，宣布于5月12日回到“狼穴”总部，做短暂的停留。他飞到东普鲁士，与指挥官们针对北非战场上的损失对经济所产生的影响进行商讨。9天后，他再次回到他的别墅。

整个6月，希特勒都沉浸于自己“城堡行动”的最终计划。最终，他被克鲁格和曼施坦因说服，准备发动进攻。不过，即使最后一个坦克军团已经就位，希特勒对战争的结果仍心存疑虑。为了保持攻击的保密性，他指示最高统帅部不要公开宣布这场战役。

虽然希特勒接到战报称，“堡垒行动”的最后一支部队已经就位，但是在1943年7月1日，希特勒在伯格霍夫待了6周以后，回到了东普鲁士。当天晚上，希特勒召集“城堡行动”的指挥官在蔡茨勒将军的陆军最高司令部聚集，详细讲解这一行动。希特勒的语气充满信心，他解释了这次进攻行动的重要性，但是他也很清楚进攻的目标是有限的。他总结道，他不想让军队陷入像斯大林格勒战役那样漫长的持久战之中。

在7月5日凌晨，“城堡行动”终于开火，它是火力集中度最强的战役之一。在这次大胆的进攻中，德军分为南方和北方集团军，由22个师组成，其中6个为装甲兵师，5个为装甲投掷兵师。

接下来几天的战斗进行得很顺利。在7月8日晚上的作战会议上，尽管战报证实德军在人员和武器上都遭受了巨大的损失，军队的战术优势完全被剥夺，但希特勒仍表现得很乐观。然而，在接下来的几天里，希特勒为损失大量的装甲力量而变得焦躁。至7月9日，苏联人已经奋力粉碎了很多德国国防军部队，包括装甲军团，使德军的进攻计划完全脱离了既定时间表。在血迹斑斑的库尔斯克平原上，红军征服每一寸土地，最终和德军势均力敌。因为苏军军事实力强大，加之苏军在不断延伸的战线上顽强抵抗，致使德军的机动部队被迫停止进攻。

至7月12日，德军在库尔斯克损失日益严重，希特勒召开紧急作战会议，决定在他的装甲部队被完全摧毁前放弃进攻计划。尽管希特勒在库尔斯克蒙受巨大损失，但是他如释重负，决定停止“城堡”进攻计划。前线的战事暂时停歇，他决定离开司令部，登上他的私人飞机FW200“秃鹰”，与一些工作人员飞往贝希特斯加登。在那里，他将动身前往意大利北部，会见墨索里尼。几天后，他回来了，开始着重考虑与意大利结成轴心国联盟。7月25日，得到消息称，墨索里尼已经被解职。随后在接下来的几个星期，希特勒花费大量宝贵时间处理帮助恢复墨索里尼法西斯政府的事宜，同时还时刻关注在“城堡行动”之后苏联南部的战况。

“城堡行动”失败之后，德国军队处于防御阶段。在东线的南部区域，德军疯狂撤退，因为强大的苏联军队已经粉碎德军防线，沿着亚速海，以极快的速度向斯大林格勒和塔甘罗格行军。尽管德军很勇敢，但是他们也只能在短时间内阻止红军。

8月中旬，苏军已经在德军库尔斯克的西部防线打开一个缺口，再一次威胁到德军重要的工业城市哈尔科夫。

整个一星期里，一直都是不利的消息。但希特勒及他的作战人员继续观望，因为德军的战线继续在向西扩张。随着形势的需要，德军不断防守、进攻、反击。在这一区域发生的很多成功战役都归功于希特勒的党卫军精锐部队，但是也付出了昂贵的血的代价。随着1943年秋天的临近，绝望与忧郁的情绪弥漫着整个前线。对于很多士兵来说，他们坚信战争已经失败，尽管还没有任何结束的迹象。始终寡不敌众、永远缺少燃料和弹药的供给，士兵被迫时刻卖命，另外，机械设备的作战性能都受到挑战，这对前线产生了深刻的影响。在1943年下半年，德军装备情况继续恶化，尤其是装甲部队。

在“狼穴”，希特勒尽他所能来更换并不断重新提供物资，以弥补巨大的损失，却变得越来越徒劳。希特勒也因为日益恶化的局势变得更加烦恼，开始指责他的总参谋部存在问题。他指责他的将军们打长途电话交谈泄露了机密。希特勒传唤了施蒙特将军和艾伯特·鲍曼来总部，并告诉他们要严格加强总部的安全措施。

1942年夏天，在“狼人”总部，一名军官站在一间木屋前。

1942年夏天，在“狼人”总部，一个通往地下碉堡的通道口。

1942年夏天，在“狼人”总部建造的一个公共游泳池。

1942年，一辆坦克行驶在前往东线作战的途中。战争到这个阶段，德国人努力寻找替代型坦克，尤其是T-34，以对付敌人日益增长的坦克数量。

一名坦克兵正在寻找射击目标。

1942年8月，“狼人”总部，在两个空军指挥官和凯特尔的陪同下，戈林正在察看一张地图。由于白天气温很高，一些工作人员只好到户外举行会议。

两张照片展示了邓尼茨考察U型潜艇的情况。邓尼茨对U型潜艇将在北大西洋战争中取得胜利坚信不疑。1940年，他率部驻扎在法国海岸洛里昂。1942年，他被迫返回巴黎，以遏制对U型潜艇基地日益增多的空袭。1943年1月，希特勒下令取消德国舰船建造方案，集中精力保卫U型潜艇。海军上将雷德尔辞职后，邓尼茨晋升为海军上将和海军统帅。

1941年，在“狼穴”总部，帝国保安部海因里希·希姆莱正在翻看名为《伟大的德国艺术展》的相册。

克罗地亚领导人帕韦利奇到“狼人”总部拜访希特勒。

在希特勒发动的夏季进攻“蓝色行动”中，第6集团军的部队在东线发起规模最大的一次行动。希特勒对这次行动期望很高，目的是取得斯大林格勒的战略目标。

希特勒在站台上背对着镜头，看着希姆莱问候凯特尔。

1942年冬天，隶属于精锐党卫师“骷髅师”的部队在前线留影，身旁是15厘米口径的sIG.33榴弹炮。

战斗间歇穿着白色冬装的士兵在休息。

两张照片为海因里希·希姆莱在总部的情景。希姆莱是种族灭绝思想的构建者，是纳粹党的领导人，支持屠杀犹太人并参与了屠杀运动。希特勒让希姆莱全权负责对犹太人的屠杀与摧毁，希特勒把精力集中在计划和监督军事行动上。犹太人问题在总部几乎不怎么提起，可能只是私下里两个人会谈论犹太人的命运。

海因里希·希姆莱与两名工作人员漫步在总部的小路上。

两张照片反映了1942年，有“沙漠之狐”之称的隆美尔将军在北非战场前线指挥作战的情景。直到1942年，希特勒仍认为他的“沙漠之狐”在同盟国面前所向披靡。然而，德国在非洲失败后，希特勒不得不承认，伟大的陆军部队将把富有创新性的进攻战转为防御战。从1943年开始，隆美尔注定失败的种子已经埋下，1944年德军在意大利和法国的进一步受挫证明了这一点。

针对盟军频繁的轰炸，德军在德国的城镇及其周围精心建造了高射炮塔。在这张照片中，某支高射炮部队在从事领空防御战，士兵正在用四联高射炮作战。

“狼穴”总部。上图：希特勒正在欢迎约瑟夫·戈培尔博士。下图：希特勒在与恩斯特·卡尔滕布伦纳握手。

隆美尔元帅在北非战场指挥军事行动。到了1943年，希特勒感到隆美尔越来越悲观，和他的许多指挥官一样，已经失去了作战的勇气。他告诉一些亲密的工作人员，如果没有这一系列令人感到遗憾的事情发生，他就会及时介入，德军在北非战场也就不会失利。

1942年或1943年的冬天，在一挺MG34 重机枪的位置正好可以看到敌人的阵地。在这一段时间，希特勒已经意识到军事形势的严峻性。苏联红军的抵抗令人难以置信，给德军造成重大伤亡。

在德国中央阵线，士兵在用8.8厘米口径的高射炮攻击敌人目标。

一辆Pz.Kpfw.III坦克开赴前线。这种车辆仍保留其独特的灰色伪装设计，这种设计在战争初期的装甲作战中被广泛应用。

一辆伪装的Sd.Kf.251装甲车开赴前线。尽管顽强的红军誓死坚守阵地，但希特勒的决心空前坚定，要不惜一切代价粉碎苏联武装力量。

Pz.Kpfw.III坦克部队停在苏联的某条道路上。装甲车不得不长途跋涉，穿过苏联领土，以完成希特勒的宏伟目标。由于作战目标具有挑战性，很多装甲军团已经疲惫不堪，他们不得不停下来，否则燃料就会耗尽。

在1942年希特勒的夏季进攻中，著名的国防军第6集团军开赴斯大林格勒。希特勒下决心要在整个苏联南部再一次攻击红军。这一野心勃勃的计划包括占领斯大林格勒以及顿河和伏尔加河之间的地区。占领斯大林格勒以后，他计划利用这座城市作为基地，将他的装甲部队派往南部，去占领高加索地区，从而切断苏联的石油供应。该行动被称为“布劳行动”。

德军第6集团军的士兵在斯大林格勒城外。不远的地方，炮火连天。

在斯大林格勒战役间歇的国防军。这些士兵穿越条条街道持续战斗，在瓦砾和破损的建筑之间，几近徒手作战。虽然一些经验丰富的老兵在苏联战争之前经历过城市战，但是都不如他们即将经历的这次战斗惨烈。

一名士兵从一座建筑物上跳下来。斯大林格勒战役和一战时的凡尔登战役一样惨烈。然而，凡尔登战役的交战双方几乎很少面对面，多数是利用远距离机枪进行扫射或炮弹进行轰炸；但是斯大林格勒战役不一样，它是双方士兵面对面的较量。

5厘米口径的PaK38型反坦克炮手在对通往城市的主要通道布置警戒。正如斯大林格勒战役所展现的那样，希特勒对这座城市不断发起进攻。战争愈演愈烈，“狼穴”的所有工作人员都在谈论战斗，密切关注进展情况。

斯大林格勒战役的战斗间隙，在一所未被损毁的木房子旁边，某部连长正在讲话。1942年9月中旬，为了占领该城市，德军伤亡人数超过40000名。

1942年10月末，第389步兵师占领了斯大林格勒市内的一座被损毁建筑。虽然德军占领了市中心很多区域，但是仍陷入一场大规模、残酷的持久战。

1943年3月，党卫军在哈尔科夫战役中。1943年2月19日至3月15日，德军大规模的反击摧毁了苏军大约52个师，并夺回了哈尔科夫和别尔哥罗德。

占领哈尔科夫后，武装党卫队士兵搭乘一辆坦克在前进。第6军刚刚在斯大林格勒战役中遭受惨败，此时占领哈尔科夫给希特勒以巨大的信心。在工作人员面前，他表现得比以往都更有信心，相信东线的战役最终会取得胜利。

1943年初，东线战场上在冬季作战的武装党卫军将士。半履带Sd.Kfz.10装甲车上，架着2厘米口径的FlaK反坦克炮，随时准备投入战斗。

1943年7月，在库尔斯克会战初期阶段，德国四号坦克在战斗中向前移动。就是在库尔斯克，希特勒遇到了一个极其诱人的机会，使他坚信能够获得胜利。

在库尔斯克战役中，党卫军的一个观察哨。一名士兵正在打战地电话。在希特勒看来，库尔斯克战役将是在东线取得的最大的一次装甲作战胜利。取得这次胜利的主要是武装党卫军的装甲部队，它是最精良的作战部队。

在库尔斯克战役中，火箭炮手准备发射火箭炮。这场战争匆忙开始，仅仅5天，德军就损失了大量的士兵及装备。

1943 年夏天，迫击炮手在前线准备战斗。德军在东线使用的最令人印象深刻的迫击炮是12厘米口径的Granatwerfer 378（r）。

1943年，在冬季作战的间隙，一位班长身背著名的P38/40冲锋枪在与战友交谈。

1943年冬季作战中，一名MG34 重机枪手在战壕中。这一时期，红军比以往任何时候都强大，但是希特勒仍不愿放弃一些领土，这对于前线的德军指挥官来说，仍是很大的问题。在东线，由于长期缺乏战略方向，出现了许多麻烦。然而，尽管局势恶化，德国军队仍被迫继续战斗。

第五章

全线战败

新的一年里，在“狼穴”总部，希特勒再次迸发出乐观的情绪。他相信，面对敌人，德国人民决不会后退，凭借他们钢铁般的意志与勇气，一定会赢得最后的胜利。在作战人员面前，他表达了同样的信心，向他们灌输新的希望和勇气。但是不管他怎么向作战人员保证，在1944年1月，一连串熟悉的问题还是接踵而至。1月15日，总部接到消息称，红军对位于列宁格勒和沃尔霍夫战线的德军北方集团军发动了蓄谋已久的冬季进攻。德军第18军处于敌众我寡的状态，在兵力数量上双方是3：1，炮兵力量上也是3：1，坦克、自行火炮和飞机数量上都是6：1。1月18日上午，东部的罗蒙诺索夫和西部的列宁格勒全部沦陷。大诺夫哥罗德情况也很糟，很多德军部队在那儿被包围。苏军第2军以及第42军加入反击德军北方集团军的战斗。苏军横扫东西部，德军一些残部沿着波罗的海逃过一劫，但是很多部队都被围困、消灭。在大诺夫哥罗德，苏军8个师包围了德军5个营。德军唯一逃离死亡的办法就是躲进城西的沼泽地里。大诺夫哥罗德堙没在苏军的狂轰滥炸中，第42军沿着加特契纳进攻，开始重击德军部队，保卫小镇。德国第18军开始瓦解。在泥地和沼泽地里战斗，令德军士兵精疲力尽。1月23日，北方集团军新任指挥官屈希勒尔请求希特勒全部撤退。在晚间作战会议上，希特勒十分气愤，怒斥他的军官。他禁止任何擅自撤退的行为。然而，几天后，在第18军遭受超过50000人的伤亡后，希特勒准许他们撤退到卢加河，但是指示要守住阵地；另外希特勒还与第16军取得了联系，命令所有前线部队高挂免战牌。

1944年1月31日，在中午的作战会议上，希特勒告知北方集团军的指挥官屈希勒尔将军——他被解除了指挥权。莫德尔准备接替屈希勒尔将军，暂时接任北方集团军的指挥官。很多战场上的指挥官包括士兵都认为莫德尔将军是希特勒的“麻烦解决者”。莫德尔将军出台了希特勒的“格杀勿论”政策，该政策指出决不允许撤退，除非是为日后的反击战铺路。在战场上，莫德尔将军不仅精力充沛、勇敢无畏、富于创新，而且待人友好，很受士兵们的欢迎。他被任命为北方集团军的指挥官后，接到了一个可怕的任务，即尽量减少即将降临在波罗的海的战争灾难。在北方，莫德尔拥有最大的机会去展示他的演讲才华。他立即下令给战场上的指挥官，要求他们绝不能撤退，要求他们按着希特勒的要求在所在地建立防线，战斗到最后。

1944年2月23日，希特勒和他的总部工作人员前往慕尼黑。同时托特组织军队来到这里，开始进行“狼穴”最后阶段施工方案的工作，计划决定建造更加坚固的碉堡，目的是保护希特勒以及居住在“狼穴”的其他人免受空袭。

当希特勒抵达上萨尔斯堡的时候，那里正在下雪。伪装网覆盖着伯格霍夫，阳光很难穿过这座巨大建筑的窗户。大部分工作人员发现在伯格霍夫与“狼穴”总部的生活是隔离的。然而，希特勒却显得轻松很多。

3月30日，希特勒派他的专机“秃鹰”前往利沃夫接两位陆军元帅。在晚间作战会议之前，希特勒会见了曼施坦因将军，授予他骑士十字勋章，并告知他，决定将其统率的集团军交予他人指挥。面对现在的艰巨任务，希特勒将莫德尔选为指挥集团军的最佳人选。曼施坦因与希特勒握了握手，就离开了。此时莫德尔将军与克莱斯特的接班人费迪南德·舍纳尔将军等在外面等候接见。

1个星期后，坏消息传到伯格霍夫。原来总部一直密切监视苏联南部逐渐升级的战争，德军与苏军于4月8日在克里米亚进行了一场血腥恐怖的战斗。齐格勒请求撤退，但是希特勒断然拒绝从克里米亚撤离。尽管舍纳尔被任命为负责苏联南部的事情，但局势发展很突然。在指挥所里，他捎信到伯格霍夫：红军大规模的全面进攻已经开始，并深入塞瓦斯托波尔堡垒。因此，战局告急！至5月8日，总部不得不承认战败，希特勒命令第17军沿海路撤退。

随着红军日益增长的实力，东线战场并不稳定，同时，在西线，希特勒越来越担心德国的情报工作。针对即将爆发的英美联军的入侵，他重新开通了交通广播系统。至5月下旬和6月初，德国用于密码破译的无线电监测器一直在破译BBC的交通广播讯号，然后传给国防军最高统帅部。诺曼底和布列塔尼是最可能的登陆点，但这只是联军一个声东击西的战术，是为之后穿越多佛海峡这一主要行动服务的。

6月6日，当希特勒从夜间作战会议退出来的时候，他根本没有想到敌军一艘搭载5000名战士的无敌舰队正在接近诺曼底海岸线。希特勒在上午9点醒来的时候，诺曼底战役已经如火如荼地展开了。穿着睡袍，希特勒接到了最新的战报，然后传唤了凯特尔和约德尔。两人赶到后，希特勒很恼火，众多指挥官根本不知道英美联军的主要侵袭发生在什么地方。凯特尔和约德尔，事实上还有很多参谋都确信诺曼底登陆是在加莱登陆战之前发起的声东击西的战术。出于这个原因，希特勒不敢不顾一切地将在法国的兵力全部投入诺曼底战役中。

至1944年6月10日，伯格霍夫的气氛进一步恶化，有报告称，法国北部沿岸的敌人很难遏制。一周后，在6月16日晚上，在法国的战争升级。希特勒和工作人员乘4架福克—沃尔夫秃鹰飞机飞往法国，而整个德军空军在沿途停飞，防空部队也被勒令停火。第二天早晨，希特勒的车队驱车前往一个未被使用的总部——“狼峡谷2”，该基地位于苏瓦松和拉昂之间。

在1942年底，这座建筑开始施工。主要部分包括一段铁路隧道，里面配备装甲滑动门，可以缩回墙壁内。在山坡上建造有巨大的碉堡，墙壁和天花板有3.5米厚。最主要的碉堡是希特勒的元首碉堡。这个建筑有一个90平方米的大厅。一段楼梯向下延伸，直通往防空洞。

整个地区由元首护卫旅的警卫重兵把守。通过岗位控制、现场巡逻和固定岗哨，确保未被授权的人不能入内。在固定的间隔时间，有装甲车辆和持有MG34 和 MG42机枪的卫士站岗。另外，反坦克和防空部队针对可能发生的陆空袭击进行防护。有7支防空部队进行防护，每支部队配备8.8厘米口径的高射机枪、21盏防空灯、普通的防空炮台以及18盏探照灯。

该总部有一个电话和电报网络，每个接线员负责一部接线总机，每部机子可连接近100个分机。这个电话系统足以供总部临时作战指挥使用。

当希特勒抵达这个戒备森严的总部的时候，他会见了隆美尔和伦德施泰特。大家开诚布公，隆美尔向希特勒简单说明了盟国势不可挡的威胁，以及在诺曼底不断锐减的兵力。虽然德军顽强、勇敢地抵抗，即使是十七八岁的年轻人也坚决抵抗。但面对敌军如此巨大的威力，只需短短几天，前线就会沦陷。同时伦德施泰特将军向希特勒介绍说，空袭警报迫使部队退到地下混凝土堡垒中。隆美尔再次继续讨论悲惨的军事局势，然后他们在午餐时间休息了片刻。午餐时间，令隆美尔惊讶的是，2个党卫军警卫在希特勒进餐之前，检查了他盘子中的米饭和蔬菜。很明显，希特勒并不信任他身边的军官。

希特勒对“狼峡谷2”的访问，历时不超过24小时，一两天内，他回到伯格霍夫。在这次山地撤退中，到底是在巴伐利亚继续监视法国的战争发展情况，还是回到“狼穴”，参与东线的战斗，他一直左右为难。然而，几天后，即6月22日，是德军入侵苏联3周年纪念日，他接到令人担忧的消息，称红军开始了最大规模的进攻。这次袭击威力非常大，致使总部陷入混乱中。在一周内，中央集团军几乎被摧毁。

布施将军报告称，第9军遭到重创，第4军撤退，第3装甲军也岌岌可危，其中一个军团已经脱离原有的3支部队。德军中央集团军的整个前线已经被敌军戳得千疮百孔，虽然大部分部队试图守住阵地，但仍无法避免被围困。尽管如此，布施决定执行希特勒第8条行动指令，命令3支军队停止撤退，守住别列津纳正北部和南部这条新的防线。

面对一系列的战败消息，希特勒最终决定让莫德尔将军取代布施，目的是为军队注入新的活力，恢复军队信心。指挥权的变更令集团军的许多指挥官很满意。很多人对当前战事的发展非常不满，于是导致了中央集团军目前的困境。例如，尼古劳斯接替乔丹，担任指挥官，收到消息后，感到非常满意，重拾战斗信心。很多战场上的指挥官包括士兵都认为莫德尔将军是希特勒“麻烦解决者”。他在东线推出“格杀勿论”政策，要求决不能撤退，除非是为日后的反击战铺路。

7月15日，希特勒再次回到“狼穴”。回来后，他发现这里的建筑已经发生了很大变化，尤其是第1安全区。很多以前木质的结构，现在都是钢筋混凝土架构。成千上万吨混凝土投入这些建筑中，特别加固了凯特尔、戈林、鲍曼所在的碉堡。其他建筑也额外使用了混凝土和砖，用以防御可能发生的空袭。还没等希特勒的地堡完成，他所有的家具，包括床和办公室，就暂时转移到了客房。客房很宽敞，但希特勒不喜欢，因为在那里睡得不舒服。白天，他可以听到托特指派的工人用风钻及其他工具施工的声音。但是当他离开地堡前往作战会议室的时候，他会停下来和工人闲谈，询问他们工程的进展情况。

虽然希特勒表面上看起来很镇定从容，但是他身边最亲近的人逐渐发现他的身体与精神状态都在发生变化。在作战会议上，他显得很焦虑、沮丧，夏季气温飙升使他的状况更糟。这间闷热的木屋是间营房，原有的两个隔断墙被拆掉，建造了一个长长的临时会议室，阳光和空气透过打开的窗户射进屋里。这间小屋长25米，宽5米，足以容纳20余名人员参加会议。

7月20日，当天的第一次会议被推迟到下午1点。但是与会者接到通知，会议将提前30分钟，因为墨索里尼要在午饭后前来。12点30分，会议如期举行，有24人参加。那天天气闷热，所有的窗户都四面敞开。希特勒决定快速结束会议，以便去总部火车站迎接他的意大利盟友。

在会议上，首先向希特勒报告了作战大纲，后来弗洛姆将军的参谋、冯·史陶芬伯格上校抵达，向希特勒汇报了一些新建师部的事宜。几分钟后，当豪辛格正在作总结的时候，突然一道闪光，紧跟着是摇动，整间屋子瞬间剧烈爆炸，将希特勒震到了门口，地图桌周围有很多人被炸伤，有的被炸死。

军营外陷入混乱，人们困惑不解。很多附近的军官认为总部遭到了敌军袭击，于是立即拉响警报，帝国保安队和党卫军迅速赶到这里。希特勒的防空分遣队立即接到命令，要求防空炮台全副武装。因为整个“狼穴”及其周围地区，包括一些其他总部设备都被纳入预警系统，这些系统能够迅速判断总部是否确实遭到敌军的空袭。当帝国保安队收到情报称，总部设备没遭到任何袭击，就立即推断爆炸可能是一个炸弹引起的。接下来，所有的大门和警卫室均不允许任何指挥部之外的人员入内。接线员被禁止使用接线总机，每个人原地接受审讯。

因担心是暗杀行动，所以在希特勒离开会议室后，一个调查小组被迅速派往事发地点，检查是否还有隐藏的炸弹存在。党卫军部队协同坦克部队及其他装甲车辆被派往总部，加强那里的安全防御。

直到晚上很晚的时候，才接到报告称，参加会议的陆军上校冯·史陶芬伯格因为惊吓，离开总部，慌忙赶往机场，预计飞回柏林。报告怀疑史陶芬伯格在他的公文包中安放了炸弹，意欲刺杀希特勒。史陶芬伯格同其他几个高官，共同策划了在柏林发动军事政变，试图推翻纳粹政权。最终报告确认了调查结果，叛乱已经被平定，包括史陶芬伯格在内的团伙头目已经被击毙或者被逮捕。

晚上10点，看完调查报告后，希特勒仍参加了晚间作战会议，尽管有证据显示他也受伤了。在会议一开始，他告诉工作人员，有2名速记员在暗杀行动中不幸遇难，而后就集中精力谈在东线和西线的防御战。

据称，在诺曼底的所有国防军和党卫军拼力抵抗，试图遏制盟军的进攻。东线的战事同样很严峻。1944年7月的最后一周，苏军继续向前推进，穿过在战争中被蹂躏的波兰乡村，以及德军溃败的防线。

在7月和8月余下的日子里，总部持续把主要注意力集中在西线和东线不断恶化的战事上。当他们眼睁睁地看着敌军在法国领土上激战，击败了沟壕中作战经验丰富、决不妥协的德军时，总部也做好了最坏的打算。

8月上旬，战势已经很清楚，德国对法国的战争已经失败。在西线讨论作战行动的会议上，大部分时间都在讨论如何避免全线溃败。瓦利蒙特与其他部队一起立即撤出法国，同时约德尔谨慎地表示，组织沿海地区作战的军队集体撤退是更好的选择。

在诺曼底登陆战中，德军付出了昂贵的代价，它的很多精锐部队全军覆没。在西线的这次战役被证明与东线一样，只能延缓敌人的进攻，而不能彻底打败他们。

面对当前东线和西线的战状，希特勒在他的军官面前，表现得很懊恼。此时英美联军比以往任何时候都靠近德国国土；从东部的波罗的海到乌克兰，红军已经设定了作战路线，或者已经包围了疲惫不堪的德军。在北方，希特勒执意让他的军队设法捍卫波罗的海地区，因为他知道东普鲁士可能很快就会受到威胁。

10月上旬，总部再次忙于发生在波兰的监控事件。德国陆军奉命使出浑身解数守住波兰。因此，对于那些有幸逃脱屠杀并在波兰建立新的防线的德军来说，这种撤退行动是折磨人的消耗战。留下来在前线防御的大部分士兵都疲惫不堪，人员配备也不足。部队几乎不存在任何后备力量，仅由一些老弱病残和等级较低的部队支撑着。为了扩大兵力，一些处于康复期的、体检不合格的人也被征入部队，他们或者听力不好，或者患有胃溃疡。尽管前线都是一些年龄很小、实力不强的士兵，但是德军仍要不惜一切代价守住波兰。希特勒担心这些薄弱的防线随时都可能会溃败，于是他决定从病榻上起来，试图为疲惫的指挥官们的血液里灌输某种狂热情绪。

随着波兰战争形势的日益加剧，波罗的海传来消息，称东普鲁士不久将遭到威胁，这令总部惶恐不安。希特勒试图淡化人们对苏军入侵东普鲁士日益增长的忧虑，同时，他决定转移到“11号碉堡”，因为这样会更安全。在他重新翻修的宿舍及办公室里，有独立的压缩空气和氧气供应设备，包括U型潜艇空调系统。在这里，希特勒指挥了东线最后一阶段的防御战。

10月25日，东普鲁士的战事升级，希特勒告诉鲍曼，直到危机平定后，他才会离开“狼穴”总部。现在敌军的飞机几乎每天都在拉斯滕堡周围侦察，但是有高射炮在，敌军飞机无法接近。一种恐惧的气氛在总部蔓延，尤其是希特勒身边的初级职员和女秘书尤其恐慌。希特勒竭尽所能使他们相信，军队正努力捍卫即将崩溃的东线，没有什么可担心的。

希特勒试图给他疲惫的工作人员灌输思想，使他们相信，在1944年冬季战以后，他能阻止苏军的进攻。在作战会议上，他将注意力转到西线。几个星期里，希特勒一直在酝酿一个宏伟的计划，即阻止英美部队沿着帝国的边界发起进攻。在他的新地堡里，希特勒和约德尔一起调研并制定了进攻西方国家的秘密计划。为了保证绝对的机密，只有少数人知道这个进攻计划。另外规定，任何关于进攻计划的事情都不能通过电报或者电话传开，已经知晓这一计划的军官都必须发誓保持沉默。

虽然进攻计划被认为极具危险性，但是希特勒和他的军事顾问意识到，他们别无选择。在11月初，希特勒花大量的时间制定了这项计划。约德尔经常带着计划和其他重要数据前往希特勒的地堡；两个人会在一间宽敞的房子里工作，那里有一个大窗户，能够看到森林和草地。

11月10日，希特勒签署一个命令，为将来的阿登反击战做准备。一个星期后，他告诉他的工作人员，他决定离开总部。这样就可以密切监视阿登反击战，这令他的工作人员很惊讶。虽然希特勒以回“狼穴”总部为幌子，但是他知道这将是很危险的。尽管如此，他仍然命令建筑工人继续工作，好像有一天他还会回来。

11月20日，下午3点15分，希特勒和他的随从离开“狼穴”，前往总部车站，开赴“勃兰登堡”。在开往西线之前，有人建议他先回柏林。凌晨5点30分，火车驶入柏林的格隆纳瓦尔德车站。在1小时内，他的车队抵达帝国总理府，那里明显刚刚遭受过空袭。

1945年1月22日，希特勒和工作人员于总理府安顿了下来，凯特尔对希特勒让他做好准备工作以确保“狼穴”不会落入敌人手中而感到惊讶。因为准备摧毁旧的东线总部的计划即将实施，所有关于碉堡和木屋的引爆计划已经草拟完毕，但最终命令由希特勒发布，代号为“啤酒花行动”。当凯特尔命令一队先锋军为引爆做准备的时候，希特勒暗示道，在他最终决定炸毁这里以前，也许还会回到这里。很明显，希特勒不能亲手摧毁这个地方，因为在这里，他第一次大胆规划并监督了对苏联的入侵行动。在他看来，摧毁“狼穴”意味着东线战役注定失败的命运会变成现实。

一座为宾客提供服务的碉堡，拍于1944年初夏。工程的最后阶段一直持续到1945年1月。很多旧的碉堡外面都额外加了一层至少4米厚的钢筋混凝土，全都没有窗户，包括希特勒自己的碉堡以及木质建筑。

这是一张非常著名的照片，拍摄于1944年7月15日的“狼穴”总部。从左至右依次是：史陶芬伯格，海军上将普特卡莫，卡尔·博登沙茨将军（背对着相机），希特勒，威廉·凯特尔将军，他们在作战会议期间会面。

希特勒与两名工作人员在阅读文件。在暗杀行动当天，他就是穿着这件衣服前往总部火车站去迎接墨索里尼的。

两张照片中是一间被毁坏了的会议室。尽管炸弹差点炸死希特勒，但是他波澜不惊，并按原计划在下午会见了墨索里尼。他将这次失败了的暗杀行动通知了杜奇，并命令他立即前往会议室进行防御工作。来访的墨索里尼对建筑物内部的损坏程度感到震惊。

两张照片展示了暗杀行动后，在“狼穴”总部，鲍曼、希特勒、戈林和希姆莱走在第1安全区的一条路上的情景。注意，希特勒的左手被包扎了。

在暗杀行动中被炸碎的希特勒的马裤。

1944年7月20日，在会议室暗杀行动中，指挥官菲格莱因的马裤同样被炸得破碎。

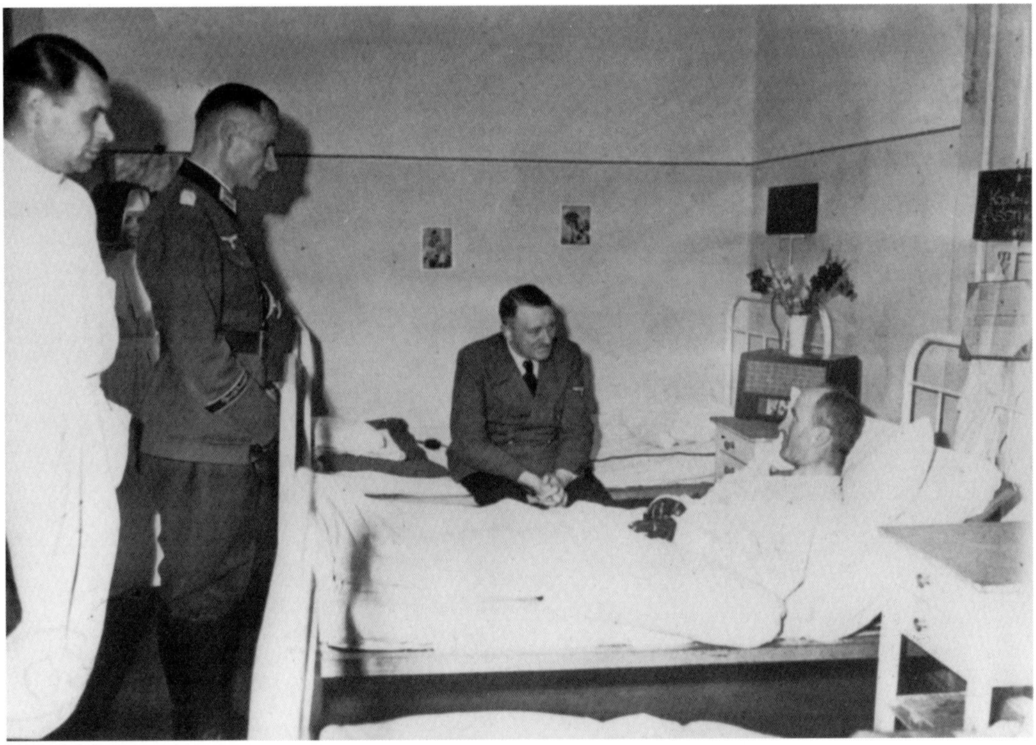

在暗杀行动以后，希特勒来到附近的医院探望和安慰受伤的军官。

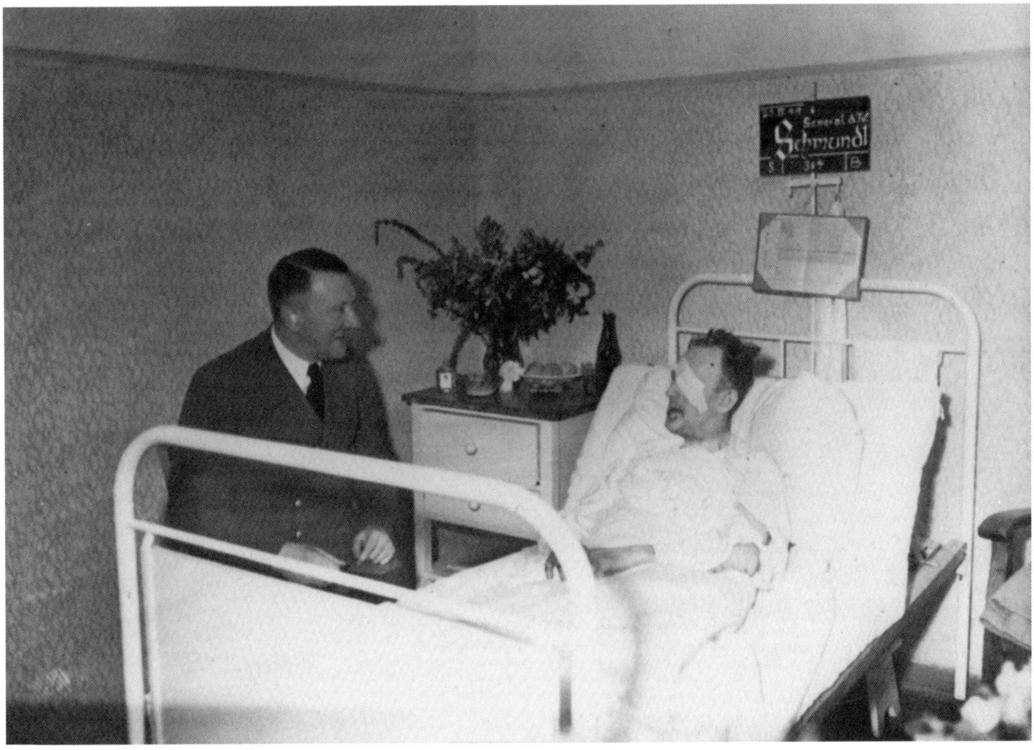

希特勒在探望受重伤的首席副官鲁道夫·施蒙特，他于1944年10月1日不治身亡。

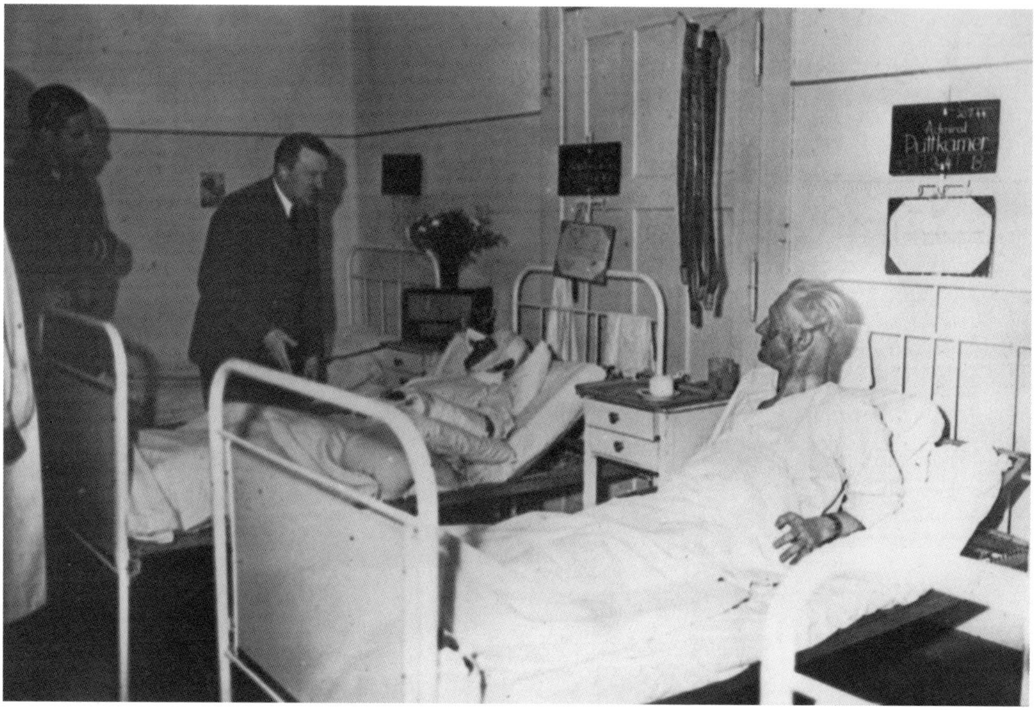

普特卡莫在1944年7月20日的暗杀行动中受伤，不久被授予勋章。

希特勒正在和严重烧伤的少将沃尔特交谈，他是总部国防军参谋，同时也是一位历史学家。1942年5月，希特勒委派他到国防军最高统帅部编写战争史。

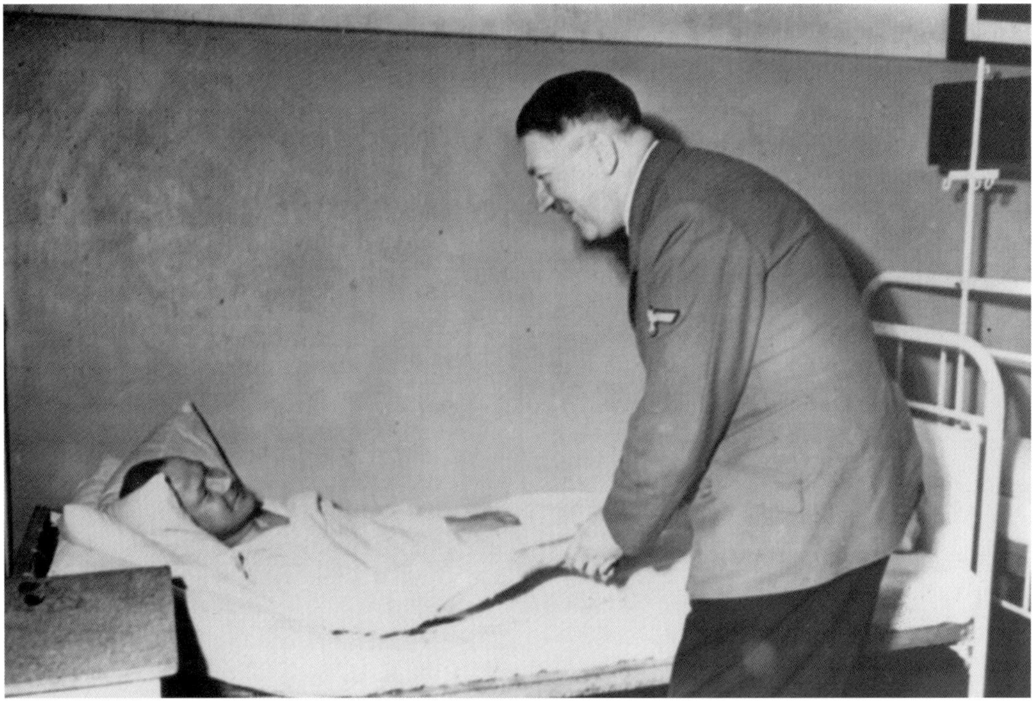

在附近的医院里，希特勒与一名受伤的工作人员在交谈。

希特勒再次前往医院探望沃尔特，图中他正在与沃尔特交谈。在助手的协助下，沃尔特已可以站起来走路。

希特勒漫步在“狼穴”总部的小路上，右边是鲍曼，左边是戈林和凯特尔。

1944年7月，希特勒、希姆莱和赫尔曼在“狼穴”总部。

希特勒和斯科尔兹内在“狼穴”总部留影。

1944年9月5日，希特勒亲自给工作人员颁发“近战搏斗勋章”。这是第二次颁奖仪式。

1944年9月14日，希特勒授予赫尔曼·伍尔夫、卡尔·魏斯、威廉·路斯、埃里希·卡尔和库尔特·拉采尔“近战搏斗勋章”。这是第三次颁发这种勋章。

希特勒和兰马斯在“狼穴”总部一座建筑外会面。

1944年9月25日，希特勒、古德里安、菲格莱因在“狼穴”总部一间小屋的外面会谈。

希特勒迎接戈林时的情景。希姆莱站在中间。

希特勒与威廉谢普曼握手。1944年8月3日，帝国多位地方军官来到“狼穴”总部表示对希特勒的支持。

1944年8月3日，希特勒迎接希姆莱、莱伊博士、戈培尔、马克斯·阿曼和弗里克博士等人。

1944年10月30日，党卫军总部领导人汉斯被授予骑士奖章以及战斗勋章。希姆莱在场。

在诺曼底战役中，StuG.III Ausf.G突击炮行驶在前线途中。两个星期内，报告证实盟军在诺曼底成功登陆，尽管盟军伤亡惨重，但这件事使德军最高指挥部处于恐慌中。

一辆StuG.III Ausf.G突击炮途经一个小村庄。1944年，中央集团军的战线被摧毁，在此期间，令人担忧的战报送达总部，称红军很快就要进攻到维斯瓦河。这意味着红军就要占据华沙郊区的桥头堡。尽管前线的中心被摧毁，局势严峻，但是德军通过调整军事战略和鼓舞战斗士气，再加上红军的进攻也显示出放缓的迹象，局势得以暂时稳定。

1944年6月，在苏联的夏季攻势中，某部队士兵从黑豹坦克上跳下来。入侵苏联3周年的纪念日到底预示着什么，就连希特勒自己也很难想象。6月22日凌晨，中央集团军大片阵地火光四起。22000门迫击炮与2000门喀秋莎多管火箭炮一起发射，对德国防线造成巨大破坏。红军进攻中央集团军的第一天后，局势变得很严峻。面对处于绝对优势的红军，饱受炮击的德军企图运用一战时的战略守住阵地，但均属徒劳。

1944年的夏季行动中，一辆3号突击炮装甲车在中央前线前进。在6月的最后几天里，苏联的夏季攻势引起了希特勒的注意，对其关注程度远远超过在西方的军事行动。在苏联战场上，他意识到这次重大的夏季进攻，其结局比他的勇敢军团在西线经历的任何一次战斗都要惨烈。

1944年8月，一名5号黑豹坦克指挥官使用6×30的战地望远镜在瞭望天空。在随后的几周里，德军不惜一切代价，力求守住波兰。对于那些有幸逃脱并在波兰建立新的防线的德军来说，这种撤退行动是折磨人的消耗战。留下来在前线防御的兵力不足，并且大部分士兵都疲惫不堪。

在东线的冬季作战中，装甲掷弹兵在3号突击炮装甲车上搭便车。希特勒在他的新地堡中，密切监视着东线战斗的进展情况。因为前线作战连连受挫，在作战会议上，战胜敌人的希望破灭了。1944年10月和11月上旬，苏联军队继续向波罗的海推进，尽管速度相对放缓，但是也取得良好进展，严重威胁到整个东普鲁士。

这是一张幽暗的照片。1944年，在波罗的海战役中，在典型的德军防御阵地上，士兵们正在守卫防线。

第六章

大结局的到来

1944年12月1日下午5时，希特勒和总部工作人员秘密离开了柏林的帝国总理府，前往西线。8小时后，在夜幕的掩护下，希特勒走下火车，等候的车队载他前往“鹰巢”。“鹰巢”建于1940年，高出巴德瑙海姆海平面800英尺，从这里，可以俯瞰西线。到那里几个小时后，希特勒就投入工作，这令工作人员很震惊。作战会议甚至持续了7个小时，军官们发现他非常警觉、活跃，话语振奋人心，对阿登反击战充满信心，认为它可以扭转整个战争的局势。

12月7日，希特勒终于批准了关于冬季进攻的阿登反击战的草案，但是他告诉工作人员要绝对保密。仅仅4天后，希特勒召见西线部队指挥官进行密谈，但是没有人被告知具体的会议地址。在党卫军警卫的要求下，每位指挥官的左轮手枪以及其他随身武器被卸掉，然后被带到基地的一个分支部门。穿过灯光昏暗的走廊，来到会议室。希特勒对他们表示了热烈的欢迎。他坐在一张狭窄的桌子旁边，两侧是凯特尔和约德尔。

在两个小时的讲演中，与会的60多名指挥官才得知希特勒全力进攻西线的伟大战略部署。他们专注地倾听着希特勒的计划，然而让他们印象深刻的不是他的宏伟战略，而是他的活力和信心。

在这次具有历史意义的战役前夕，希特勒举行了最后一次会议，询问所有部队是否已经就位，对明天一早的进攻是否准备就绪。在阿登战役中，大批部队被派到各地，包括4个精锐党卫师。虽然这些强大的党卫师拥有大量的机动车配给，但是仍低于军官及士兵的需求配额，主要是因为诺曼底战役所遭受的巨大损失。尽管党卫军和国防军在阿登战役中使用的装备普遍都很精良，但是在战争后期，武器供给出现了紧张状态。

会议结束后，希特勒与秘书一起吃了晚餐，在早上5点上床睡觉。等到16日上午11点30分，他醒来的时候，英美联军在长达80公里的战线上溃败。德军沿着北部蒙绍到卢森堡边境的埃希特纳赫，于12月16日黎明时分，发起了凶猛的火力攻击。“鹰巢”的气氛令人震惊。工作人员因为希特勒的乐观而备受鼓舞，确信战争就快要胜利。接下来的几天里，一直洋溢着愉悦的气氛。

希特勒几个星期以来，第一次迫切希望出席形势分析会议，听取前线作战汇报。在进攻的第1个24小时内，派佩尔的党卫军王牌装甲军继续进攻英美联军防线，使出浑身解数，击垮敌人的抵抗。但是，战争进行7天后，希特勒不断收到战报，盟军开始从最初的惊讶中清醒，抵抗日益增强。至12月22日，美军遏制了德军的进攻。由于缺乏燃料，道路狭窄而拥挤，德军不得不停止行军。12月23日，派佩尔的作战部队摧毁了所带的车辆，剩下的1000人步行前往前线。

在整个前线，德军士兵变得越来越疲惫。盟军空军日夜作战，逐渐夺回控制权。这意味着希望轻而易举取得西线作战胜利的愿望破灭了。一个冬天的早晨，希特勒在碉堡的外面，面无表情地看着敌军2000架轰炸机向东部驶来。回到地堡后，一名副官发现他痛苦得似乎已经闭上了眼睛，取得战争胜利的愿望再也无法实现。他的信心自圣诞节后才有所恢复，在举行庆祝活动中，令他周围的人感到震惊的是，他竟然喝了一杯酒。这是施罗德小姐第一次看到希特勒高兴地喝了一杯酒。

3天后，在一个高级指挥官特别会议上，希特勒承认局势令人感到绝望，但他的字典里从来没有"投降"这个词存在，他将继续狂热地追求他的目标。即使到了元旦的时候，他仍坚信1945年将是新的胜利的开始。

1945年1月3日，期待已久的消息终于到达了被冰雪覆盖的希特勒总部，盟军已经开始大规模的反攻。压抑的气氛立即蔓延整个总部。在接下来的几天里，斯大林格勒大反攻的警报引起希特勒一系列焦虑的行为。1月11日，希特勒中午起床后接到消息，称敌人的进攻已经开始。他立刻前往地图室，研究令人担忧的局势。两天后，情况更加恶化。据报道，沿着维斯瓦河前线，德军被淹没在战火中。穿过积雪覆盖的地区，战场上满眼见到的都是红军部队和大批的装甲部队。至 1月13日，苏军的进攻已经在维斯瓦河沿岸打开了一个20英里宽的缺口。

接下来，整个前线陷入无法形容的混乱中。苏联很快在东普鲁士和波兰扭转了战局。

前线的损失以及战线的溃败，令希特勒十分震惊，他再次提出要回到"狼穴"总部，试图扭转失控的局势。东线的战事发展如此迅速，东普鲁士有可能很快就会落入苏联之手。尽管前景令人担忧，希特勒仍不肯下令炸掉"狼穴"，期望红军停止进攻的奇迹发生。然而，他已经通知留在总部的人撤退，包括托特组织起来的工人。

东部防线摇摇欲坠，希特勒决定离开"鹰巢"，回到柏林，在那里，他可以满怀信心地在帝国总理府准备新一轮的军事行动。1945年1月15日下午6点，他开车带着随从到达附近的车站，登上了专列。1月16日上午9点，希特勒醒来，火车已经接近首都。中午之前到达了帝国总理府。

在接下来的几天和几周内，东线局势迅速恶化。希特勒认为总理府是最佳指挥所。

许多人请求希特勒搬到陆军统帅部的措森总部，它位于柏林的外围，但是他拒绝了。在措森总部，很多住在钢筋混凝土碉堡中的军官意识到总理府缺乏真正的中央指挥机构。他们认为这样会导致总部的功能失调，缺乏组织性。战线大面积被摧毁，不断的空袭以及苏军不断向前推进所造成的威胁，等等，这些战报不断传到总部。这种情况不仅干扰到本来就已经支离破碎的总部的日常运转，而且使凯特尔和约德尔的境况更加困难，不得不每天坐通勤车往返于柏林与达勒姆之间。

尽管在遭到轰炸的总理府建造一个长期的指挥系统是不可行的，但是它仍可以正常运作，并与其他总部保持联系。尽管希特勒身处遭受战争蹂躏的城市里，但是他还能够保证完成以前他所熟悉的工作。他决心就在这座旧的总理府的椅子上指挥战斗。只要希特勒在城里，就可以保证对敌军全力抵抗。在作战人员面前，希特勒反复强调，红军的主要目标是粉碎德军在东普鲁士、波罗的海国家的残余部队。

因为有红军要不断向帝国进攻的预兆，所以凯特尔接到命令，对苏军穿过东普鲁士，继续向前行军的行动进行监督。1945年1月23日，他告诉希特勒，红军据说已经抵达几公里远的“狼穴”，指挥部即将沦陷。经过几周的考虑，希特勒最后勉强下令炸毁了战争中最大的指挥基地。总部人员全部撤离，文件和其他一些重要的数据被烧毁，在1月25日至1月26日将近18个小时里，爱德华·豪瑟将军的先锋部队就开始执行炸毁这座号称坚不可摧的碉堡的任务。

“狼穴”总部被炸毁后，古德里安将军和他的助手格哈特被传唤到总部，参加希特勒召开的一个会议，汇报东线作战情况。因为直接的入口已经被木板围住，所以进入这栋楼后，他们需穿过长长的便道，才能来到希特勒的办公室。当他们一进到大厅，就遇到了手持机枪的警卫。党卫军军官礼貌地请他们上缴随身携带的武器，并仔细检查他们的公文包。然后，他们被领进房间。在开会之前，餐柜上摆放着三明治和饮料。

到了下午4点，房间里满是高级军官，包括凯特尔、约德尔和戈林。过了一会儿，通往希特勒办公室的门被打开，是一个装修简易的房间。在一面墙的中间是一张大桌子，背后是一把黑色的布面椅，正对着花园。军官们坐在厚重的皮革椅上，而他们的助手或者较低级别的官员要么站着，要么找一个直背靠椅坐着。

20分钟后，希特勒终于拖着步子进来，弯着腰，手臂垂了下来。他蹒跚前行，用右手与大家握手，表示欢迎。博尔特队长从来没有见过希特勒，他对希特勒的样子感到震惊。希特勒在助手的协助下坐下来，察看古德里安关于东线的报告。希特勒一反常态，没有提什么建议，但是对西线战役的进展表现出很大的兴趣。

东线的报告和以往一样令人沮丧。会议结束的时候，红军距离柏林也就几小时的车程。奥得河是挡在柏林前面的最后一条防线。德军步兵和装甲兵奉命守住防线，以抵制苏联炮兵和空军的进攻。虽然德军在奥得河的前线奋力抵抗，但是3天后，也就是30日，希特勒收到一则令人焦虑不安的消息：苏军已经行至奥得河的东岸，距离总理府只有50英里，苏军对柏林的围攻阵线形成。总理府为此处于高度恐慌中。3天后，柏林遭受了最猛烈的轰炸。近千架轰炸机向柏林投下了2000枚炸弹。这次空袭使总理府严重受损。在这座旧的总理府里，希特勒和工作人员迅速走下一段楼梯，走了大约50英尺后，到达一个幽深的地下碉堡。它是阿尔伯特·斯佩尔在1942年和1943年为希特勒建造的，耗资140万德国马克。这座碉堡一直延伸到旧的总理府和花园的下面，位于地下8米深的钢筋混凝土的下面。碉堡本身与总部的房子没什么区别，只是它是一个临时的防空洞。地面尺寸为19.5米×18.8米，混凝土顶棚3.5米厚，外墙3.6米厚。

碉堡入口有两个，一个在总理府的花园，一个在老的总理府的地窖中，位于原来的碉堡的下面。希特勒和工作人员总是使用老总理府那个入口。空袭发生以后，希特勒一直待在碉堡里，直到被损坏的建筑修好以后。在这里，希特勒坐在随从中间，吃饭、喝水，与他们交谈，之后回到住处。

1945年2月13日傍晚，柏林遭遇了另外一次大规模的空袭。大家再一次逃到碉堡中。8点钟，希特勒与两名秘书吃饭，饭后一直睡到夜间作战会议开始。在这里，他收到的报告称，直到中午时分，英军大规模轰炸德累斯顿古城，成千上万的难民置身于火海中。希特勒被激怒了，然而当他开始谴责英国的时候，比第一次更加严重的空袭已经开始。直到次日上午6点15分，希特勒才回到他的住处，显得疲惫不堪。

2月14日，希特勒和工作人员又从碉堡里出来，个个显得疲惫而紧张，在被袭击的总理府中开始了日常工作。面对这样一场灾难，几乎可以肯定，在接下来的日子里他的情绪将变得更加具有挑衅性和侵略性。

2月25日，下午两点，地方长官被传唤到总理府，希特勒决定给他们灌输热情和乐观的思想。看到希特勒的时候，他们很惊讶，希特勒看起来就像一位老人，声音低沉，他踉踉跄跄，与大家握手，以示欢迎，还尽力掩饰他颤抖的右手。他一瘸一拐地走向演讲台，呼吁官员和地方长官们要竭尽全力，争取胜利。演讲最后，他总结道：如果德国现在就放弃，那么它将彻底灭亡。

地方长官离开了总理府，他们不知道是否还有机会再次见到希特勒。虽然他们被灌输了勇气和决心，但是很多人清醒地意识到：战争局势已不在他们的掌控中。

前线四处沦陷，德军被压缩到奥得河和莱茵河之间，希特勒决定离开总理府，立即对东线节节撤退的德军进行一次访问。1945年3月3日，令人惊讶的是，希特勒坚持要去前线，尽管他面临着无法想象的生命危险。战场上，在弗里岑和赛洛之间，他第一次见证了第9军拼其全力，利用一切可以利用的武器进行防御战。在集团军内，他访问了集团军的总部，包括一些师部。他催促指挥官为最后一场在柏林爆发的战争做好准备。

希特勒再也不会冒险离开总理府。1945年2月下旬以来，他和工作人员大部分时间都在总理府下面的碉堡里度过。3月初，他认为在地下50英尺深的碉堡内部指挥总理府防御战更安全。3月的第1周，碉堡中安装了毒气防护系统。系统中有许多进气孔竖井，一些大的混凝土烟囱使竖井在遇到坠物阻碍通道时安然无恙。这些烟囱和总理府一样，戒备森严。

在总理府，到处可以看到党卫军和帝国保安队警卫巡逻。在瞭望塔、整个总理府的屋顶，都安装了探照灯。在碉堡的入口，有一支全副武装的、规模最大的党卫军警卫队。前往碉堡的拜访者在被允许进入前要在总理府登记。他们的名字、证件都要做详细的书面记录。因为总理府部分遭到破坏，所以修建了一个便道，通过它，军官和党政人员在警卫的保护下，能前往碉堡的入口。他们经过的每个通道上都有警卫，每次都要确认身份。在入口处，他们被护送着走下一段楼梯，来到一个加固的钢铁大门处，这里有两名全副武装的哨兵把手。一个党卫军军官会对来访者的公文包及随身物品进行检查。穿过钢铁大门，来访者被允许进入希特勒新的指挥中心——这是一个巨大的碉堡，位于被毁坏的总理府下面。

然后他们下楼来到一个狭窄的走廊，再通过一些木板道，来到另外一扇门，而后走下另外一段楼梯，到达碉堡的顶层。这里设有12个房间，没有一个房间大于储物间，中央大厅的两侧各有6个。这些是杂物间以及服务人员的住处，还包括一个为希特勒准备素食的厨房，走廊被用作军官用餐区。继续走过一段楼梯，可以看到一座更深更大的碉堡。这就是希特勒的私人碉堡。在厚厚的混凝土墙壁里，建有18个房间，都很小，让人感到拥挤而不舒服，一个门厅将一间等候室和会议室分开。在划分区的附近，有办公室、警卫室、盥洗室、紧急电话室以及供电室。这座门厅还通向一条铺着红地毯的主通道，那里就是会议室，是希特勒主持召开日常作战会议的地方。

会议室通道的另一侧是希特勒的两个医生莫雷尔和斯达姆普菲格的房间，以及斯达姆普菲格设备齐全的急救室。在通道的尽头，有一扇门通向一个小前厅，它被用作衣帽间。从这里，爬过4阶混凝土的楼梯，就是花园，这是应急出口。

会议室左边的门通向一个拥有6间房的套间，这是希特勒的私人公寓，包括候客厅、卧室兼起居室、更衣室，以及希特勒的私人卧室、客厅、书房。在客厅有一张写字台，一张桌子和一个硬皮沙发。腓特烈大帝的画像醒目地挂在桌上。左边的两扇门通向一个小型会议室，里面有一张地图桌，周围是木质板凳。在这间房外面是一间狭小的屋子，被俗称为“狗窝”，现在被用作保护希特勒人身安全的护卫旅部的厕所。在“狗窝”的尽头，是一个旋转梯，通向一个还未建造完成的瞭望塔，位于花园的上面。为了完成瞭望塔以及其他类似的建筑，建筑工人轮班作业，却因为空袭而被迫停工。

除了帝国总理府以及希特勒私人碉堡以外，在其他政府建筑的下面，挖了很多地下避难所。其中，在政党总部的碉堡里，鲍曼和他的工作人员、服务人员、党卫军警卫兵住在那里；党卫军总部的碉堡住着党卫军少将威廉·蒙克和他的工作人员；而戈培尔和他的工作人员则躲避在宣传部的地窖里。

在政府建筑中所建造的最大的碉堡是Vossbunker。它与希特勒的碉堡相连，可以容纳2000人。1939年，希特勒将其开放，作为柏林的医院和福利服务机构。6年后的今天，它成为遭受战争伤害以及倍感恐惧的柏林人的避难所。每天晚上，成群的难民站在大街上排成队，希望进入Vossbunker里避难。

虽然希特勒和他的直接下属在碉堡中得到了很好的庇护，但是作为一个军事总部，这是完全不切实际的。由于通信设备严重匮乏，导致无法应对紧急情况，这种状况急需改进。为了与陆军总部保持联系，通信线路不得不通过接头完成，这是碉堡的指挥中心进入国防军安全通信网络的唯一途径。

因为通信方面的不足，希特勒决定通过会议的形式维持国防军最高统帅权，指挥帝国防御战，血战到底。所有政府碉堡中的军官和官员每天均须前往希特勒碉堡中的狭窄的中心通道上开会。约德尔，凯特尔和古德里安从措森或者波茨坦的总部赶来。尽管碉堡中每间房子都安装了通风系统，但是里面仍然很闷热。很多来访者都对此抱怨不休。这种全封闭无窗的与世隔绝的感觉，比希特勒在东普鲁士的总部更加严重。至少在“狼穴”总部，没有人造光，可以到周围的森林中散步，会感到无比平静，对一天的工作会有一种满足感，而且没有被轰炸的威胁。但是在柏林，这个钢筋混凝土的避难所，四处寂静，到处都是灯光和人工建筑，这使希特勒感觉与大自然隔离，这种感觉比处在任何一个总部都强烈。

在这个地下的世界里，大批的军队军官和党派官员责无旁贷地监督着由病态的希特勒指挥的最后阶段的战争。在碉堡里，希特勒拖着笨重而痛苦的身体，因为已经失去了平衡，他不得不频繁地坐下来，或者依靠着与他谈话的人。他的眼睛布满血丝，唾液经常从他的嘴角滴下。因为身体欠佳，他感到十分沮丧。

因为睡眠不足，希特勒显得精力不足，体力不支。每天最后一次军事会议通常在早上6点钟结束。然后，他会拖着疲倦的身体，瘫在沙发上，试图放松自己，忘记悲惨的军事形势。三四个小时后，他醒来，再次投入繁重的各种战事工作中。每天的作战会议，让他倍感失望与挫折。至1945年3月中旬，德军仅守住了摇摇欲坠的维斯瓦河阵地，在波罗的海沿岸至奥得河与西里西亚的尼斯河的交汇处，向后撤退了175英里。大部分前线阵地都在奥得河的西岸。在北方的古都什切青，波美拉尼亚首都，以及在南部的科斯琴镇，都是阻止苏军进攻柏林的军事要地。

在战争的最后几个月里，德军继续沿着伤痕累累、满目疮痍的荒地撤退。在东线和西线战场，战争最苦闷的时刻即将到来。虽然英美联军准备越过莱茵河，但是在东线，苏联红军已逼近奥得河，击退了希特勒早已精疲力尽的残余兵力。曾经显赫一时的军队抵抗力彻底崩溃，湮没在帝国的废墟中。大部分所谓的党卫军精锐师也不断从匈牙利撤退，因为德军要在东部防线堵上一个巨大的缺口。

希特勒坚持要守住的一条防线就是奥得河。维斯瓦河集团军新任指挥官哥特哈德·海因里希将军接受了这个任务。希特勒认为海因里希是德军中最好的防御战专家之一。在他前往奥得河之前，他告诉希特勒，他已经准确地预测到苏军的主力进攻方向将转移到奥得河，并沿着东西高速公路至塞洛高地。出于这个原因，他说，他将使塞洛高地处于强劲的防御阵地的位置，让工程师从上游水库放水，将奥得河的冲积平原变成湿软的沼泽。在这之后，他将构建3个强大的防御阵地，一直蔓延到帝国的首都。最后一条出现在希特勒作战地图上的防线，如同沃坦防线一样，处于前线后方10到15英里的地方。这些防线包括反坦克壕沟、反坦克炮阵地、庞大的战壕和碉堡网络。

由于苏军已经抵达塞洛高地奥得河，致使碉堡中的气氛相当紧张。1945年4月15日凌晨，最新的情报到达总部。那天早晨，凯特尔告诉希特勒，海因里希将军坚信，24小时内，苏军将发起沿奥得河的攻击，同时他准备调回部队，守住第2防线的阵地。海因里希决定在这里，延缓朱可夫的进攻，将其控制在预计的时间内。

当希特勒正反复思考塞洛高地的奥得河沿线的防御措施时，在4月15日晚些时候，希特勒的情妇爱娃穿过断壁残垣的柏林，意外地抵达碉堡，显然她是从慕尼黑搭车而来。出于安全考虑，她曾在几个星期前离开柏林。现在，她决定回来，留在希特勒的身边，不管发生什么。爱娃第一次住在了最高司令部。当天晚上，虽然爱娃在希特勒的隔壁房间打开她精心准备的物品，想给希特勒一个惊喜，但是希特勒此时正在举行夜间作战会议，商讨奥得河沿岸的战事。据说，分布在整个战线的第3军和第9军只剩下不足700辆坦克和自行火炮。海因里希预测，敌军的主力将在凌晨抵达，他传令给陆军总部，命令布希将军率领第9军回到第2防线。

1945年4月16日早上5点，有消息传到碉堡，正如海因里希所预测的，奥得河前线遭到强烈攻击。德军已经准备与苏军在塞洛高地交火，这里可以俯瞰奥得河。

在山脊的顶部，德军从西线紧急调集了数百门高射炮，部署在山脊的顶部，向敌军发起了飓风般的攻击。苏军攻击奥得河的时候，希特勒正在睡觉。他大约在凌晨3点才上床睡觉，他的副官布格多夫将军接到命令，绝对不许将其叫醒。红军现在位于不到10公里的地方，碉堡内充满了紧张的气氛。整个早上，希特勒的工作人员都在踱来踱去，试图用冷幽默来掩盖自己的焦虑。希特勒醒来后，布格多夫告诉他，奥得河战争已经开始。事不宜迟，希特勒立即打电话给克雷布斯，要求他出具一份战事报告。虽然来自前线的信息很有限，但他仍得到消息称，海因里希正竭尽全力坚守阵地。一整天，他从一个指挥部转到另外一个，考察前沿阵地，与指挥官交谈，鼓舞士气，增强他们的决心。

到了第二天，苏联人仍然没有突破德军的防线。但朱可夫将军完全不顾伤亡，决定猛击德军，逼其投降，并强行冒进。红军开始逐步地、系统地摧毁对手。德军遭到全面的攻击，经过几个小时内捉襟见肘、疲惫不堪的反抗，军力不断锐减，场面极度混乱。失败从一个阵地转移到另外一个阵地，起初顽强抵抗的士兵，现在感到惊慌失措。

在总理府的花园里，能够听到奥得河前线轰隆隆的大炮声。希特勒身边极度痛苦的工作人员现在意识到了前线离他们究竟有多远。此时希特勒本人睡觉也越来越不规律。他的工作人员经常会发现他坐在机房或马丁·鲍曼的办公室，旁边是总机和电传打字机，他在那里往往一坐就是几个小时。办公室到处都是德国和柏林地图，上面有5人组用蓝色笔标注的、代表战争进展的最新情况。

1945年4月20日是希特勒的生日，当他醒来的时候，柏林遭受了严重的空袭。当天下午，希特勒穿着灰色的战地大衣，领子立起来。他爬上旋转梯，来到总理府的花园，后面跟着戈培尔、希姆莱、戈林、助手、参谋人员，两侧是手持机关枪、随时待命的党卫军警卫。柏林的空中还充斥着早前空袭留下的浓烟残骸。花园里有防空洞以及大批的德国火箭炮，已准备就绪，随时待命。希特勒遇到一群面带稚气的希特勒青年团的士兵，他们正准备接受勇敢勋章。阿图尔·阿克斯曼是希特勒武装青年团的指挥官，他将年轻的战士介绍给希特勒。希特勒对他们表示衷心的感谢，表彰他们在柏林决战中所付出的努力，然后拖着疲倦的身体接见了一支刚刚从库兰战场上回来、等待检阅的部队。下午4点，他再次回到碉堡，这是他最后一次看到天空。

希特勒在接受完一群人正式的生日祝贺后，开始了重要的作战会议。形势迫在眉睫，急需解决的问题是，柏林面临被包围和被消灭的威胁。科勒将军指出，装载着国防军最高统帅部的设备以及重要文件的卡车必须立即离开柏林，开往南部。约德尔向凯特尔建议，如果希特勒不打算留在柏林，那么他不可能在帝国总理府下面的碉堡中指挥战斗，否则他将与很多前线部队失去联系。在此基础上，凯特尔授权约德尔为国防军最高统帅部和作战办公室制定必要的转移行动计划，将所有由副官指挥的、在温斯多夫残留的部队，以及国防军最高统帅部官员，迅速转移到贝希特斯加登，目的是在南方保存作战的指挥权。同时，北部集团军于当天晚上集合于波茨坦附近的克拉姆普尼茨军营。在那里，凯特尔和约德尔也要跟随他们的副官一起转移。

随着时间的推移，希特勒决定，所有的指挥部应该保证时刻与帝国总理府保持联系，并且使日常作战会议保持不变。希特勒同意分散最高统帅部的指挥权。海军上将邓尼茨和国防军最高统帅部的部分工作人员准备前往德国北部。同时，剩下的前往南部。但是希特勒对即将成立的新的总部没有做任何任命。他给人的感觉是，他想在适当的时候转移到南部。戈林、凯特尔、希姆莱、鲍曼、戈培尔、克雷布斯都请求他离开注定要沦陷的柏林。

会议结束后，鲍曼组织足够的装甲兵力护卫大批的运输车辆从柏林转移到南部。其中，在晚间离开的是空军指挥官，包括戈林。戈林留下了他的几名高级官员，如科勒将军、参谋长以及克里斯汀将军。

1945年4月20日至21日的晚上，大批指挥官和高级军官离开柏林，加入长长的开往北部和南部的卡车车队。希姆莱、斯佩尔、里宾特洛甫和许多军官都离开了。希特勒最忠诚、最信任的两个秘书施罗德和约翰娜也离开了碉堡。22日凌晨1点，作战会议结束以后，希特勒遣散了两个速记员库尔特和汉斯，以便他们可以赶上晚上飞往南部的航班。另外有80名工作人员在当晚飞往南部。只有少数军官留下来，帮着处理总部事务。

4月22日早晨，希特勒被一则消息惊醒，苏军炮兵已经开始向柏林市中心发射炮弹，炮声在碉堡里听得很清楚。希特勒立即打电话给空军司令部，确认炮兵的位置，并命令他对苏军进行反击。那天开始，越来越严重的绝望情绪弥漫着整个碉堡。

下午作战会议结束后，希特勒又收到一系列形势严峻的战报，他手里拿着放大镜和铅笔，呆呆地看着地图，试图推断敌军针对柏林的下一步行动计划。当克雷布斯将军向希特勒汇报每日战报时，他出人意料地猛地站起来，提起了一支处于柏林以北25公里处、由党卫军费利克斯·斯坦纳指挥的特种部队。在希特勒的眼中，斯坦纳是一位杰出的指挥官。2月份，他在博美拉尼亚的疯狂反攻延缓了朱可夫的攻势。现在希特勒希望这位党卫军的指挥官通过组织反击战，来阻止红军针对柏林周围发起的大举进攻。希特勒命令斯坦纳统率第11装甲军立即从埃伯斯瓦尔德阵地发起进攻，然后南下，切断苏军对柏林的袭击。在地图上，这个计划看起来很完美，但是不可能集结那么多的兵力来组建斯坦纳的作战部队，即使是从外地调兵。斯坦纳认为，他能调配的军队少之又少，兵力非常弱。

第二天斯坦纳就成了谈话的主题。从早上到下午3点，希特勒一直守在电话旁，非常焦急地想从各个指挥部了解斯坦纳的反攻情况。新的作战会议照常在下午3点举行，会议开始不到1小时，希特勒终于接到了斯坦纳部队的消息。科勒将军打来电话，说斯坦纳还没有开始反攻，苏军所向披靡，突破防线，苏军坦克已经抵达城市。希特勒突然暴怒，每个人都被勒令从会议室出去，只留下鲍曼将军。其他人迅速离开。门一关上，希特勒就跺起脚，旁人看到的这是他整个人生中最暴跳如雷的时候。他的尖叫声如此之大，以至于碉堡里的人都挤到楼梯和门厅处偷听。在将近1个小时里，希特勒大声训斥着他的军官们，说每个人都抛弃了他。他大骂他们堕落、叛国、说谎和怯懦。

最后，他精疲力竭，大声喊着关于斯坦纳的什么事情，之后突然倒在椅子上。希特勒，此时是一个被彻底击败的人，他的泪水顺着脸颊流下来。他首次公开宣布，那些指挥官有辱使命，对此，他感到绝望。一切都结束了，他接下来唯一要做的就是誓死守住柏林。其他人还有谁愿意离去请便，在这个指挥部里，他的使命即将结束。

虽然克雷布斯指示大家要留在碉堡里，但是作为希特勒的军事顾问，凯特尔和约德尔一起离开了。凯特尔去拜访温克将军，约德尔前往克拉姆普尼茨，此处与总参谋部合并在一起，构建了新的国防军总部。然而，几天后，约德尔下令疏散总部，因为他接到消息称，苏军已经逼近位于柏林西郊的克拉姆普尼茨。作战指挥部转移到位于赖因斯贝格和弗斯滕伯格之间的森林营地。这里最初是为希姆莱建造的，装有信号和通信设备。这个指挥部与总理府保持无线电和电报联系，约德尔可以通过电话向希特勒汇报战况。

在夜幕的掩护下，更多的工作人员离开了碉堡。希特勒让最后两名速记员打包收拾行李。他们领命做了最后一次速记。他的新闻官海因茨·劳伦兹，奉命记录了余下的作战会议。从1945年4月23日下午3点开始，据不完全统计，所有的军事行动都围绕着捍卫柏林而开展。

几天前，会议室勉强容下众多的高层官员、陆军和党卫军各部门的指挥官，但是现在大多数已经离开了碉堡，前往柏林以外更安全的地方。而留下来的有：克雷布斯将军、蒙克和布格多夫以及他们的副官；负责与海军指挥部联系工作的海军上将沃斯，负责希特勒警卫队的党卫军少将军官腊登休伯及其副官阿克斯曼，希特勒的私人飞行员鲍尔上尉，首席新闻官海因茨·劳伦兹，希特勒的私人副官甘什，军事副官毕罗和约翰内斯，两名外科医生斯达姆普菲格和哈塞，希特勒的司机坎普卡，3个勤务兵，厨房工作人员和1名电话接线员罗库斯·米施，首席工程师和电工亨舍尔。

4月25日，柏林完全被包围。第二天，约有50万苏联军队强行通过城市。在帝国总理府下面的碉堡里，希特勒决定挽救摇摇欲坠的柏林。他命令费利克斯·斯坦纳的第11装甲军残部在埃伯斯瓦尔德的阵地立即发起反攻，然后向南阻止苏军进攻柏林。但是不可能集结兵力组建斯坦纳的作战部队，即使是从外地调兵。斯坦纳自己报告称，他能支配的兵力少之又少，总共也不足1个军团。斯坦纳意识到，他的进攻几乎没有任何后援，因为第9军已完全被包围，第12军也只剩下损失惨重的几个师。希特勒的增援部队，只有不到5000名配备手持式武器的空军和希特勒青年团成员。此时，这个城市的命运已经注定。

1945年4月28日上午，总理府遭受到了直接而猛烈的炮火攻击。英美盟军从西部入侵，距离柏林越来越近。德军指挥系统陷入混乱。负责西线的国防军最高统帅部与负责东线的陆军总部无法取得联系，与希特勒碉堡的联系也很困难。希特勒的命令很难通过电话传达，只能通过无线电。而无线电是通过通信室与两个高射塔连接而完成的。空军中尉格尔达坐在电报机旁边，解码器放置在通讯机房里，L塔楼经常接收到希特勒一些狂乱的信息，他想了解军队的位置以及柏林附近的形势。

希特勒的碉堡里一片混乱。4月29日，苏军逼近市中心。黑尔姆特·魏德林召集一些残余老兵，不顾一切地试图在苏军缜密的进攻中杀出一条血路。几个小时里，德国士兵陷入血腥的战斗中，他们无所畏惧地试图击退红军。但是苏军孤立了城市中心，使得黑尔姆特·魏德林被逼得越来越紧，压力越来越大。要减轻柏林的压力，就得依靠温克将军的第12军。希特勒和工作人员都被困在地下碉堡中，温克成为唯一的希望。在过去的几天里，曾经显赫一时、狂妄自大的第9军和第12军的残部不再妄想突破苏军对柏林的包围，而是沿着撤退路线，向西撤退。曼陀菲尔将军的第3装甲师也放弃了他们固守的阵地，向西撤退。他们的目标是逃离苏军，向英美联军投降。柏林看起来已经被希特勒的军队遗弃，留给苏军占领。

在柏林，黑尔姆特·魏德林的通信网络已不存在，战斗指令只能靠口口相传。1945年4月29日中午12点50分，碉堡与外界所有的电话通信都中断了。合并后的总参谋部所依赖的无线电已经被切断。将军们的副官和助理不再发挥任何作用。避难所的接线总机徒劳地试图通过敌人的新闻公告挖掘出尽可能多的信息。当天，无线电监控到意大利无线电描述了墨索里尼和他的情妇，以及其他法西斯高层被执行死刑，并被倒挂在米兰广场上。

1945年4月30日上午，据说柏林的所有部队都被围困，或被俘，或被蹂躏，或干脆被消灭。其他的部队已经有序地撤退到政府驻地。据说苏军已经穿过威廉大街，逼近航空部。希特勒接到这个消息的时候，面无表情。他已抱着求死的心，准备死在碉堡里。那天早上，他让甘什为他和刚刚结婚一天的妻子爱娃准备一个海盗葬礼，把两人化为灰烬。

希特勒吃完午饭后，宾客们都散去，他走进套房，在爱娃的陪同下，穿上他最喜欢的黑色礼服，并与每个人握手，然后和他的妻子走进铺着绿白相间瓷砖的书房，关上了双扇门。在希特勒前厅旁边的会议室里，戈培尔、鲍曼、克雷布斯和布格多夫站着等待着。

经过5年漫长的岁月，此时希特勒总部的工作人员不再有军事职责去履行。相反，他们坐在那里等待着，眼巴巴地看着被苏军大炮震得颤抖的电灯泡。下午3点半，在通风设备的嘈杂声与炮弹爆炸声之间，突然传来一声枪响。有权决定他人生死的如同神一般的独裁者——希特勒已经自杀。他的躯体与他的命运一起，被埋葬在帝国总理府的废墟中。

1945年元旦，在“鹰巢”总部，希特勒向汉斯·乌尔里希·鲁德尔颁发金橡叶骑士铁十字勋章。

1945年1月，在苏军的冬季攻势中，“黑豹”坦克停在路上。1月13日，在维斯瓦河战线，苏军已经撕开一个20英里宽的口子。第4装甲军几乎全军覆没。少数德军士兵疯狂作战，一路向西，穿过红军的防线。

冬季行动中，MG42机枪手正在作战。1945年1月，苏军的冬季攻势是如此强大，以至于德国军队很快被打败。在战场上作战的部队发现他们正在为生存而战，但是仍不能阻止苏军的进攻。

党卫军部队搭乘一辆被粉刷成白色的突击炮装甲车在前进。希特勒对前线的损失以及被破坏程度感到惊讶，他再次表示想回到“狼穴”，从而掌控日益失控的局面。

在战争间隙，突击炮手们在森林中拍照留念。接下来的几天和几周内，东线的局势越来越差。随着局势日益恶化，希特勒开始在柏林的帝国总理府指挥军事行动。

国防军部队正在撤退。穿过满目疮痍的地区，一路向西，试图逃离不断前进的红军的枪口。

配备“铁拳”（一种反坦克榴弹发射器）的装甲掷弹兵穿过茂密的丛林。为了保卫帝国，士兵们誓言血战到底。

在柏林附近作战的部队正在挖战壕，因为苏军已经逼近首都。照片中可以看到致命的德制火箭筒以及反坦克武器。这种武器被作战部队称为反坦克火箭步枪，缩写为RPzB。这是一种可重复使用的口径为8.8厘米的反坦克火箭发射器，它在战争后期被发明并投入使用。该武器流行的绰号是“烟囱”或者“火炉管”。

在战争的最后几个月里，空军高射炮炮手们在摆姿势拍照。请注意，坐着的高射炮炮手是多么年轻。因为急需扩充部队，希特勒征召了年轻人和老人，并把他们派往前线，以对抗装备精良、经验丰富的苏联士兵。

老虎式坦克停在一座被战争摧毁的城镇里。尽管东线军事形势已经逆转，但是这些作战车辆仍不断参战，发挥口径为8.8厘米的火箭炮的致命威力，以对抗苏联的反坦克炮。

年轻的国防军新兵正对着镜头笑着。他们身背铁拳式反坦克火箭炮，开赴柏林外围的前线。

在战争的最后几个月里，通信兵穿过被摧毁的城镇。前线的阵地四处沦陷，在奥得河和莱茵河之间，德军面临的形势越来越严峻。希特勒决定离开总理府，立即赶往节节败退的东部防线。1945年3月3日，令很多军官感到吃惊的是，希特勒出现在前线战场上，在令人难以置信的风险面前，他异常镇定。在这个战场上，希特勒第一次目睹了英勇的军队利用现有的武器，进行了一场顽强的防御战。

第七章

时间的见证

在今天，第1安全区、总部的密室已经成为一个旅游之地。来自世界各地的参观者目睹了一段他们未曾经历过的历史，同时也跟随着历史的脚步，为子孙后代保留了一个可以反思的地方。

纳粹保安部以及党卫军军营的内部情景。

作战形势会议营房的遗址。1944年7月20日，希特勒差点在这里被暗杀。残留下来的是混凝土地基上有个纪念牌匾，用以纪念那次暗杀行动。

刑侦安全营的外景。

这栋建筑是党卫军仪仗大队以及希特勒私人随从的驻地。

这3张图片展示了残留下来的宾客地堡情景。这种大规模的建筑建于奥托北部。迪特里茜的碉堡或者办公室，被“狼穴”里的人称为15号宾客碉堡，它是为拜见希特勒的贵宾准备的。

第15号宾客地堡的高射炮塔以及通向高射炮位置的云梯。

第15号宾客地堡的高射炮塔以及云梯的外景。

储存食物的地堡外景。

这两张照片为希特勒碉堡的遗址。给人印象最深的碉堡就是希特勒的碉堡，它耸立在森林中。这个巨大而一应俱全的混凝土碉堡，墙壁达到了令人难以置信的厚度，希特勒曾来到这里躲避空袭。4.8米厚的屋顶现在仍完好，上面落满了树叶。位于北面后部的大部分屋顶已经不存在了，因为那里是碉堡被毁时的主要爆炸点。

这两张照片为希特勒碉堡的遗址外景特写。

这四张照片为希特勒碉堡的遗址外景。

这两张照片为希特勒碉堡的遗址景象。

这两张照片为希特勒碉堡的遗址外景细部特写。

这2张图为希特勒碉堡的遗址特写。

希特勒碉堡的遗址一角。

第1安全区餐厅的遗址。它位于希特勒碉堡的附近。

这两张照片为第1安全区餐厅的遗址内景。

这两张照片为速记服务办公室遗址内景。一组速记员在马丁·鲍曼的监管下，奉命对在“狼穴”召开的所有会议进行记录。每天每个会议有时用纸多达500页，每页都要经过希特勒副官的严格检查，并将其秘密存档。

这两张照片为速记服务办公室遗址外景。

这两张照片为鲍曼碉堡的遗址外景。这是一个巨大的加固混凝土碉堡，其顶部有5米厚。

这两张照片为鲍曼碉堡的遗址外景特写。

这两张照片展示了高射炮地堡遗址的场景。该地堡是为了防止总部遭到空袭建造的。

这两张照片展示了通往第1安全区总部的一条被白雪覆盖的道路景。虽然不是很清晰，但是可以看到树上有钢箍，表明曾经有伪装网挂在上面。

通往第1安全区总部一条被白雪覆盖的道路。

这五张照片展示了戈林碉堡的遗址情景。在希特勒碉堡的旁边，可以看到其他被破坏的巨大碉堡，如宾客碉堡、戈林碉堡、凯特尔碉堡，以及鲍曼碉堡。在这些钢筋混凝土建筑的周围是一些砖砌的营房式建筑，它们曾经是军事基地的主体建筑。许多都已经被摧毁，但是有些仍然屹立在那里，周围树木丛生。

这是一组在戈林碉堡顶上拍摄的照片。这里曾是放置高射炮的位置，可以俯瞰主要的铁路线。

这三张照片展示了通往戈林碉堡顶部的铁梯，碉堡顶部配置有高射炮。

15

这三张照片展示了戈林碉堡的遗址一角，它位于铁路沿线的附近。

17
SR

这四张图片展示了约德尔曾经的办公室情景。

一个废弃的浴室，它与基地内的第2俱乐部相连。

这两张照片展示了通往第2俱乐部入口处的情景。钢制拉门曾经安装在入口处。请注意，房顶上还有钢箍存在，表明伪装网曾经挂在这些钢箍上面。

一个通风烟囱的特写。它位于第2俱乐部和电影院之间。在砖面上，伪装的材料仍清晰可见。“狼穴”里的很多建筑都使用这种伪装外衣，用以在伪装网和树木之间隐藏建筑。

这三张照片展示了一个车库遗址，里面曾经存放着各种车辆，包括总部工作人员、政党官员和政要的用车。

这两张照片为通往“狼穴”的铁路线的特写。战争结束后，波兰人将其改成了单线轨道，只能通往文戈热沃。